To
Wolfgang
&
Christa

Ron Hawks
"Lakota"
"Lakota"
2 aug 2000

Magisches Indianerland

» ICH FÜHLE, DASS ES SCHLECHT UM MEIN LAND STEHT.

ICH MÖCHTE, DASS SICH DAS ÄNDERT.

IHR SEID JETZT DIE EINZIGEN,

DIE DIESES LAND NOCH RETTEN KÖNNEN.

ICH MÖCHTE,

DASS IHR ES SCHÜTZT UND RESPEKTIERT. «

— SITTING BULL —

on the road

Magisches Indianerland

Thomas Jeier · Christian Heeb

BRUCKMANN

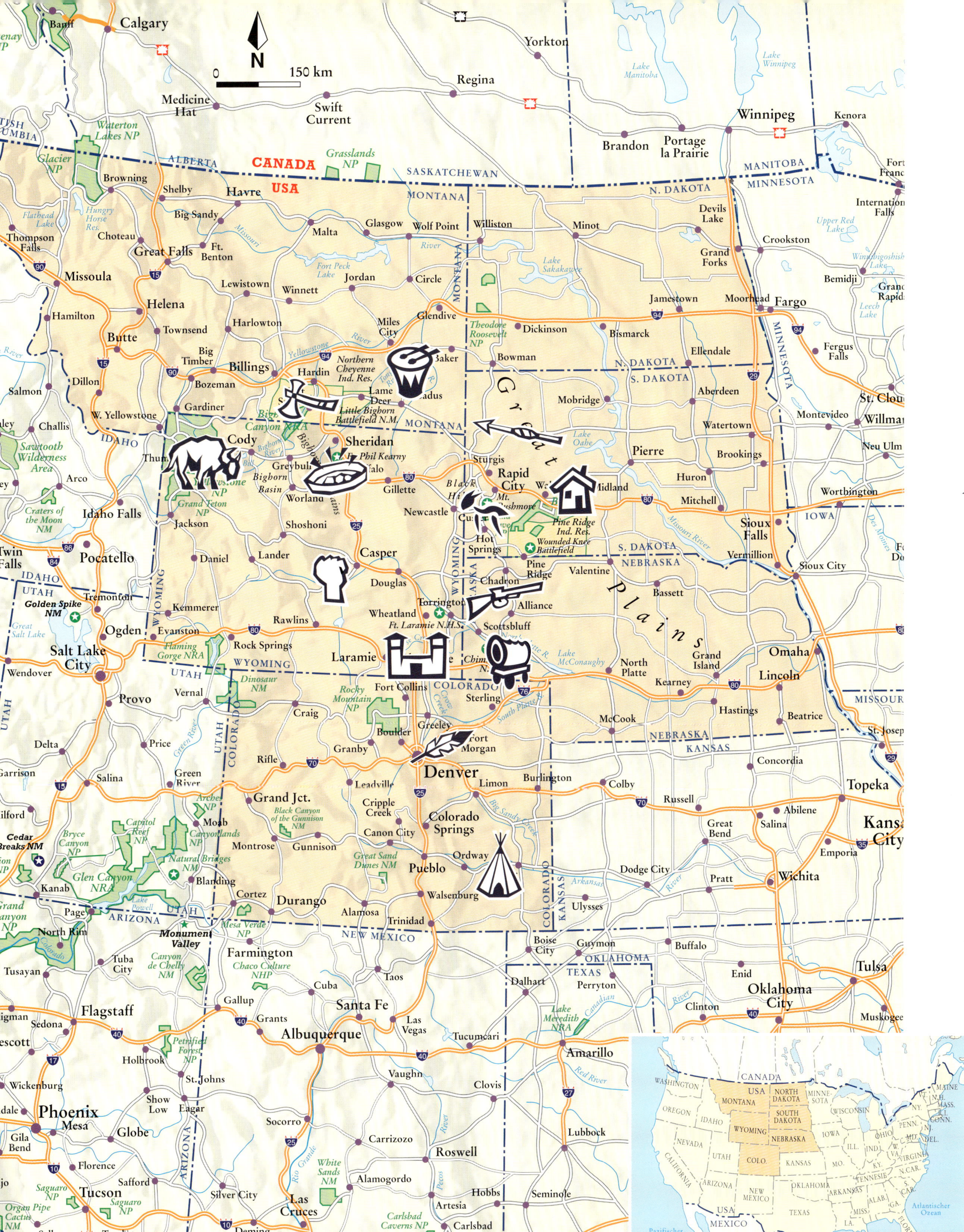

MAGISCHES INDIANERLAND

14

92

114

54

82

24

122

44

72

64

132

102

34

denver

DER ADLER FLIEGT IN DER DÄMMERUNG

Lakota.
Die festliche Wildlederkleidung dieses stattlichen Kriegers ist mit gefärbten Stachelschweinborsten verziert.

Auf einer spirituellen Reise in die Vergangenheit berichtet Ron Hawks aus seinem abenteuerlichen Leben und von seinem Volk, den Lakota, die einst den Büffeln über die Ebenen des amerikanischen Westens folgten.

Wir fahren in eine andere Welt. Die Bürotürme von Denver bleiben wie die Kulisse einer fremden Welt im Rückspiegel zurück, und der Asphalt unter den Rädern unseres Kombis verliert sich in dem Büffelgras, das die Prärie wie ein endloser Ozean bedeckt. Der Highway wird zum Trail, und die Songs des Oldie-Senders werden von den donnernden Hufen der Büffelherde erstickt, die in einer gewaltigen Staubwolke nach Süden zieht. Auf den Hügeln vor der Stadt riecht die Luft nach Salbei, und als ich die Augen schließe, sehe ich einen Jagdtrupp der Lakota, stattliche Krieger auf gescheckten Pferden, die Gesichter bemalt und federgeschmückte Lanzen in den Händen. An ihrer Spitze reitet ein Häuptling, den ich seit vielen Jahren kenne. Ein kräftiger Mann, trotz seiner sechzig Winter, ein Medizinmann und Krieger der Oglala Lakota, der fest in der Vergangenheit seines Volkes verwurzelt ist und das neue Jahrtausend nur widerwillig betreten hat. Er trägt Leggings, ein besticktes Kriegshemd und Mokassins, und die obere Hälfte seines Gesichts ist mit roter Farbe bemalt. Die tiefen Furchen in seiner Haut erzählen die Geschichte eines entbehrungsreichen Lebens, und in seinen Augen spiegelt sich die Zufriedenheit eines Mannes, der im Einklang mit der Natur lebt und das Große Geheimnis gesehen hat.

In einem modernen Vorstadthaus von Denver treffen wir ihn wieder. Diesmal trägt er Jeans, T-Shirt und Stiefel, und die Federn sind aus seinem langen Haar verschwunden, aber sein Gesicht hat sich nicht verändert, und in seinen dunklen Augen glaube ich eine Spur von Ironie und Sarkasmus zu erkennen. Er umarmt den Fotografen und mich wie alte Freunde und scheint nichts Besonderes daran zu finden, mit einem Deutschen und einem Schweizer auf Spurensuche zu gehen. Wir haben den Indianer viele Male getroffen, auf indianischen Pow-wows, der Crow Nation Fair und dem Rendezvous der Trapper in Fort Bridger, und wir sind Freunde geworden, nachdem er gemerkt hat, dass wir es ehrlich meinen. Indianer sind vorsichtige Menschen, begegnen den Weißen noch immer mit Misstrauen und geben sich einsilbig, wenn sie von Besuchern aus der „anderen Welt" angesprochen werden. Erst wenn sie erkennen, dass ihnen ein Mensch ohne Vorbehalte begegnet, erklären sie sich bereit, ihr Herz zu öffnen.

Irgendwann haben wir beschlossen, gemeinsam nach der Vergangenheit seines Volkes zu suchen. Vor uns liegt eine Reise in eine längst vergangene Zeit, über die High Plains von Colorado, Wyoming, Montana, South Dakota und Nebraska, zu den Lakota, Cheyenne, Crow und Blackfeet, ihren ehemaligen Jagdgründen und heiligen Stätten. Über historische Trails geht die Reise zu Schlachtfeldern, Gedenkstätten und Forts, über Asphaltstraßen fahren wir zu Pow-wows und Rendezvous, über holprige Feldwege nach Pine Ridge, wo die meisten Nachfahren der einst so stolzen Prärieindianer in Armut leben; zu indianischen Künstlern, die fernab der Städte leben und die Seele ihres Volkes sichtbar machen; in einen geheimnisvollen Kosmos, der erst sichtbar wird, wenn man mit einem alten Medizinmann wie Ron Hawks unterwegs ist.

Denver. Die größte Metropole des ehemals so wilden Westens liegt am Fuße der Rocky Mountains.

Unterwegs.
Ron Hawks steuert seinen Van über den einsamen Highway nach Norden.

„Der Adler fliegt in der Dämmerung", so sein indianischer Name, lebt ganz anders, als wir es uns vorgestellt haben. Auch an diesem Morgen klettert er aus einem zerbeulten Wohnmobil, das im Garten seiner weißen Freunde parkt und durch eine Stromleitung mit der Küche verbunden ist. Hinter ihm erscheint Koda, ein lebhafter Wolfshund, der uns auf der langen Reise begleiten wird. „Koda" heißt „Freund" in der Lakota-Sprache. „Olga und Steve", stellt Ron die Hausherren vor, ein weißes Ehepaar, das sich seit vielen Jahren für die indianische Kultur begeistert und ihn eingeladen hat, bei ihm zu wohnen. „Ich habe Ron Hawks in Vail, Colorado, getroffen", berichtet Olga, „wir waren im Urlaub dort, und er kam uns auf der Hauptstraße entgegen. Ich fragte ihn, ob ich ihn fotografieren dürfe, und er antwortete: „Wo warst du die ganze Zeit? Ich habe auf dich gewartet!' Er hatte mich in seinen Träumen gesehen, und auch mein Lebensgefährte und ich fühlten uns auf seltsame Weise von ihm angezogen. Wir luden ihn ein, sein Wohnmobil bei uns zu parken, und er bedankt sich, indem er uns über Kultur und Geschichte seines Volkes erzählt. Wir lernen jeden Tag von ihm. Vor ein paar Monaten hat er mich adoptiert, ganz offiziell auf einem Pow-wow, und ich durfte bei einer Zeremonie der Oglala Lakota mitmachen. So muss es im neunzehnten Jahrhundert gewesen sein, als sogar weiße Frauen in den Stamm aufgenommen wurden und zu Lakota wurden."

Auch Steve empfindet die Anwesenheit des Medizinmanns nicht als Last, obwohl es einige Zeit dauerte, bis er sich an ihn gewöhnt hatte. „Wir können uns hundertprozentig auf Ron verlassen und sind froh, dass er bei uns wohnt", meint er zufrieden. „Unsere Vorfahren haben seinem Stamm großes Unrecht angetan, und wir können ihm auf diese Weise einiges zurückgeben! Wir wollen zeigen, dass Indianer und Weiße in Frieden zusammen leben können. Das ist auch heute noch keine Selbstverständlichkeit." Ron zeigt das hintergründige Lächeln, das uns die ganze Reise begleiten wird, und lässt nicht erkennen, welche Gedanken hinter seiner zerfurchten Stirn vorgehen. Er hat bereits sein Gepäck geholt und lehnt am Küchenschrank, den dampfenden Kaffeebecher in der rechten Hand. Er trinkt pausenlos Kaffee, und zwischendurch raucht er, wie ein Truck Driver, der ruhelos auf seinem Bock sitzt und nach Westen fährt.

Farmer. Der alte Mann ist den Weg des Weißen Mannes gegangen und arbeitet auf einer Farm.

Krieger. In der traditionellen Kleidung eines Kriegers lässt der junge Mann die alten Zeiten aufleben.

Medizinmann. Mit den alten Liedern und Gebeten seines Volkes beschwört der Lakota die Geister.

Im ersten Schneesturm des Winters, der selbst den Verkehr auf den Interstates behindert, brechen wir auf. Warum wir ausgerechnet im unfreundlichen November fahren, wissen wir nicht. Bisher brannte immer die Sonne vom Himmel, wenn wir unserem indianischen Freund über die Prärie folgten. Vielleicht lockt uns die mystische Atmosphäre des Winters. Der Fotograf und seine Frau fahren einen Kombi, und ich fahre im Van des Indianers mit. Der Wagen ist voll gepackt mit Kleidung und Gepäck, und auf einer Decke hinter dem Fahrersitz liegt Koda, die Augen halb geschlossen. Vom Rückspiegel hängen einige Adlerfedern. Der Kaffeebecher auf der Ablage wurde für Trucker entworfen, und es geht kein Tropfen verloren, selbst auf holprigen Feldwegen nicht. Ron raucht eine Zigarette nach der anderen. Selbst ein alter Medizinmann verfällt den Verlockungen der Zivilisation.

Unterwegs erzählt Ron aus seinem langen Leben. Er wurde am 7. Mai 1940 auf der Airforce Base in Clinton, Oklahoma, geboren. „Meine Eltern waren unterwegs und fuhren gerade an dem Luftwaffenstützpunkt vorbei, als ich an der Reihe war." Seine Kindheit verbrachte Ron in Manderson auf der Pine Ridge Reservation in South Dakota. Ein trostloser Ort, wie wir einige Wochen später feststellen werden, verfallene Holzhäuser in einer kargen Umgebung, nur wenige Meilen vom historischen Wounded Knee entfernt.

„Meine Eltern waren Farmer, sie versuchten jedenfalls, dem trockenen Boden etwas abzuringen. Meine Schwester Margaret lebt heute noch in Manderson." Die Schule mochte der freiheitsliebende Ron nicht. In dem Internat, das seine Eltern für ihn ausgesucht hatten, um ihm eine bessere Ausbildung zu ermöglichen, hielt er es nur wenige Tage aus. Er kletterte nachts aus dem Fenster und schlug sich in einer Woche von Utah nach South Dakota durch. „Ich war damals erst sieben Jahre, aber irgendwie schaffte ich es. Meine Eltern waren froh, dass mir nichts passiert war, und bestraften mich nicht."

Die Familie verließ die Reservation und zog nach Custer, South Dakota. Dort besuchte Ron die Grade School und die Juni-

or High. Die Senior High School schloss er in Fort Collins, Colorado, ab. „Inzwischen hatte ich gelernt wie wichtig eine gute Ausbildung war, besonders für einen Indianer. Ich verpflichtete mich für drei Jahre bei der Armee und studierte am College."

Damals ahnte Ron noch nicht, dass er Karriere bei der Armee machen würde. Es war wohl die Herausforderung, gegen einige seiner arroganten Mitschüler zu bestehen, die ihn dazu trieb, sich bei der 82nd Airborn Division zu melden und Fallschirmspringer zu werden. Von der 2nd Infantry 504 ging es zu den Special Forces, den legendären Green Berets, die besonders im Vietnam-Krieg von sich reden machten. „Das Survival Training war einfacher für mich, weil ich als Indianer näher an der Natur lebe und von meinen Eltern und meinen Großeltern gelernt habe, wie man sich in einer feindlichen Umgebung behauptet." Er gehörte zu den ersten US-Soldaten, die nach Vietnam gingen, diente über vier Jahre dort und brachte es bis zum Colonel. Es folgten Einsätze in Grenada, Panama und im Irak. „Ich habe mehr gekämpft als mancher meiner Vorfahren." Über seine geheimen Aktivitäten in anderen Ländern darf er nicht sprechen, nur soviel: „Bei den Drogenleuten in Kolumbien war es am gefährlichsten."

Was treibt einen Indianer dazu, für die ehemaligen Todfeinde seines Volkes zu kämpfen? Während unserer langen Fahrt haben wir oft über dieses Thema gesprochen. Ich bekam nie eine ausreichende Antwort, glaube sogar, dass Ron selber nicht mit seinen Erklärungen zufrieden war. „Die Indianerkriege sind lange vorbei. Die Amerikaner sind jetzt unsere Verbündeten." Aber er behauptet auch: „Die Lakota bilden eine eigenständige Nation. Eine Reservation wie Pine Ridge ist Ausland für Amerikaner." Bei einem Pow-wow sagt Ron: „Wenn wir unter der amerikanischen Flagge tanzen, ehren wir alle Indianer, die für die US-Armee gekämpft haben. Im Krieg werden die jungen Krieger der Lakota erwachsen. Das gilt für viele Indianer heute noch." Ganz wohl ist ihm bei diesem Thema nicht. Anscheinend zweifelt auch ein erfahrener Medizinmann wie Ron Hawks an seiner Identität.

Die Rocky Mountains verblassen im nebligen Dunst, und die Straße wird trockener. Grüne Hinweisschilder und Te-

Tatanka.
Der Bison, von den Lakota „Tatanka" genannt, gab den Indianern alles, was sie zum Leben brauchten.

Tashunka.
Auf dem Rücken wendiger Pferde ritten die Lakota-Krieger über die weiten Ebenen.

Wölfe.
Aufmerksame Kundschafter, auch Wölfe genannt, haben ein feindliches Lager gefunden.

Adoptivtochter. Ron Hawks hat Olga adoptiert und geschworen, sie bis zu seinem Lebensende zu beschützen.

Lachen. Das Bild der stoischen und einsilbigen Indianer ist eine Erfindung Hollywoods.

lefonmasten fliegen an uns vorbei. Der Himmel öffnet sich, der Horizont ist kaum noch zu erkennen. Koda jault leise vor sich hin. „Ich glaube, er hat Hunger", sagt Ron, ohne die Zigarette aus dem Mund zu nehmen. Wir fahren vom Interstate ab und halten an einer einsamen Tankstelle. Ron kehrt mit einem Roastbeef Sandwich aus dem Shop zurück. Koda macht sich heißhungrig darüber her und schnauft zufrieden, als wir weiterfahren. Ich habe selten einen genügsameren Hund gesehen.

„Ich habe ihn auf einem Parkplatz gefunden", berichtet Ron, „irgendwelche Leute hatten ihn ausgesetzt. Er ist immer dabei, wenn ich unterwegs bin."

Die Straße ist endlos, führt wie ein graues Band durch die ehemaligen Jagdgründe der Lakota und Cheyenne. Ein gefährliches Land, das auch den Indianern zu schaffen machte. Im Sommer drückte sengende Hitze auf das Büffelgras, und am weiten Himmel entluden sich mächtige Gewitter. Blitz und Donner brachten die Erde zum Zittern. Tosende Wirbelstürme rissen die Tipis nieder. Im Winter fegten eisige Blizzards über das erstarrte Land, und der Winterriese erstickte alles Leben unter einer dichten Schneedecke. Selbst tapfere Krieger fürchteten sich vor diesen geheimnisvollen Mächten und versuchten die Geister mit Opfergaben und heiligen Liedern zu versöhnen. Schwer vorstellbar, wenn man in einem klimatisierten Wagen sitzt, aber immer noch eine Bedrohung. Jeden Winter liest man über unvorsichtige Autofahrer, die ohne eine Decke und ausreichende Nahrung in der Wildnis stranden und ums Leben kommen, wenige Meilen von der nächsten Siedlung entfernt. Hier draußen zeigt die Natur, wie stark sie sein kann. „Die Menschen vergessen, dass sie nur ein Teil dieser Natur sind", meint Ron Hawks.

Nur ein Volk, das als verschworene Gemeinschaft auftrat und nach festen Regeln lebte, konnte in einem solchen Land bestehen. Allein war man dem Untergang geweiht, auch deshalb wurde die Verbannung aus dem Stamm als höchste Strafe angesehen. Sie wurde ausgesprochen, wenn ein Lakota einen anderen Angehörigen des Stammes tötete, was nur selten vorkam. Die Lakota waren streng organisiert und lebten in Großfamilien und Clans zusammen. Jeder hatte seinen festen Platz

Heiliger Mann. Als Sonnentanzpriester und erfahrener Heiler zehrt Ron Hawks vom Wissen seiner Vorfahren.

in dieser Gemeinschaft. Die Alten wurden wegen ihrer Erfahrung geschätzt und um Rat gefragt. Die erwachsenen Männer versorgten ihre Familien mit Vorräten und bewiesen ihre Tapferkeit im Feindesland. Die Frauen kümmerten sich um den Haushalt, sammelten Feuerholz, Kräuter und Beeren und verarbeiteten das Fleisch und die Felle der erlegten Büffel. Ihre Stickereien aus Stachelschweinborsten und Glasperlen wurden sehr geschätzt. Die Kinder wuchsen in Großfamilien auf und bereiteten sich auf ihr späteres Leben vor. Die Vielweiberei der Indianer wurde besonders von Missionaren verurteilt, hatte aber lediglich einen wirtschaftlichen Hintergrund: Weil viele Männer im Krieg und auf der Jagd starben, bestand ein Überschuss an Frauen, und die Krieger waren gezwungen, mehrere Frauen zu ehelichen, meist Schwestern, um deren Versorgung gewährleisten zu können.

Wie alle Indianer waren auch die Lakota vor ungefähr 30 000 Jahren über die Beringstraße auf den amerikanischen Kontinent gekommen. Im Gebiet der Großen Seen hatten sie eine Heimat gefunden. Im späten 18. Jahrhundert wurden sie von den Chippewa nach Westen vertrieben und fanden auf der Hochprärie des heutigen Wyoming, Montana und South Dakota eine neue Heimat. Zwei Tiere veränderten ihr Leben grundlegend: das Pferd, das mit den spanischen Conquistadores nach Amerika gekommen war, und der Bison, der in riesigen Herden über den Kontinent zog und ausreichend Nahrung versprach. Die Lakota wurden zu exzellenten Reitern und folgten den Herden in beweglichen Dörfern, die innerhalb weniger Minuten abgebaut werden konnten. Zusammen mit ihren Verbündeten, den Cheyenne, streiften sie ruhelos über die Great Plains und kämpften mit den Crow, Ute, Pawnee und Blackfeet um das riesige Territorium.

Der Bison gab den Prärie-Indianern alles, was sie zum Leben brauchten. Das Fleisch zum Überleben, die Felle für Kleidung, die Knochen für Werkzeuge und Waffen, die Sehnen zum Nähen, die Hufe für Trinkgefäße. „Tötet die Büffel, und ihr tötet die Indianer", soll ein General der US-Armee gesagt haben, und selbst Zivilisten folgten seinem Befehl. Ein Heer von weißen Jägern tötete die Büffel und beraubte die Prärie-Indianer ihrer Lebensgrundlage. „Wakan Tanka ist es zu verdanken, dass nicht alle Büffel unter ihren Kugeln fielen", sagt Ron, „sie konnten sich vermehren und kehrten auf die Prärie zurück." Die meisten Tiere leben auf Ranches und dürfen geschlachtet werden: Bisonfleisch ist sehr mager und cholesterinarm und verdrängt in manchen Läden sogar das Rindfleisch aus den Regalen. Über 200 000 Bisons wurden bereits vor einigen Jahren gezählt.

„Der Kreis des Lebens schließt sich wieder", erklärt Ron dankbar, „die Büffel kehren endlich zurück und bringen neues Leben zu meinem Volk. Wakan Tanka hat unsere Gebete erhört!"

Wir überqueren die Grenze nach Wyoming und sehen einige der zottigen Tiere auf der Terry Bison Ranch bei Cheyenne. Eine Guest Ranch mit Blockhäusern und einem großen Saloon, in dem Country Music gespielt wird. Auf Heuwagen werden die Touristen zu den Büffeln gefahren. Ron zeigt sein hintergründiges Lächeln, als wir an den Weiden vorbeifahren. Als seine Vorfahren lebten, zogen riesige Büffelherden über die Prärie. William T. Hornaday, ein amerikanischer Zoologe sagte damals: „Die Zahl der Büffel zu bestimmen, die vor 1870 lebten, war genauso unmöglich, wie die Anzahl der Blätter in einem Wald zu bestimmen." Weiße Jäger töteten über 30 Millionen Tiere, nur wegen der Felle und Knochen. Das Fleisch ließen sie verfaulen."

In Cheyenne übernachten wir in einem Motel. Die Stadt war eine wichtige Station an der transkontinentalen Eisenbahnlinie und galt zur Zeit des Wilden Westens als Sündenbabel, aber jetzt erwacht sie nur noch im Sommer zum Leben, wenn die „Frontier Days", das größte Rodeo des amerikanischen Westens, auf den Fairgrounds stattfinden, und Cowboys und Cowgirls aus ganz Amerika nach Cheyenne kommen. Uns erwartet die Stadt mit provinzieller Langeweile. Selbst in der „Cattle Company", dem bekanntesten Steakhaus der Stadt, ist kaum etwas los. Nachts höre ich Koda heulen, und als ich den Vorhang zur Seite schiebe und aus dem Fenster blicke, sehe ich Ron mit seinem Hund auf dem Parkplatz stehen, zwei geisterhafte Schatten im schmutzigen Schein einer Straßenlampe. Das Licht flackert wie in einem alten Film, und der Medizinmann wird zu einem Geisterkrieger, der durch die sternenklare Nacht wandert und nach den verlorenen Seelen seiner Vorfahren sucht.

Kalender. Zusammen mit Steve und Olga betrachtet Ron Hawks sein Abbild in einem Kalender von Christian Heeb.

sand creek

„NUR DIE BERGE LEBEN EWIG“

Massaker. Der heimtückische Überfall der Freiwilligen unter Chivington auf das friedliche Lager am Sand Creek gehört zu den blutigsten Massakern der Indianerkriege.

Auf einer Reise zum Sand Creek trifft Ron Hawks die Überlebenden eines unmenschlichen Massakers und seine Ur-Urgroßmutter, die damals auf wundersame Weise überlebte und zu Red Cloud und seinen Anhängern floh.

In dieser Nacht träume ich von einer Reise, die Ron und ich im letzten Sommer unternommen haben. Ein bedrückender Ausflug, der uns zum Schauplatz eines blutigen Massakers führte, das über hundert Frauen und Kinder das Leben kostete. Ich sehe wieder die dunklen Gewitterwolken, die drohend über dem südlichen Colorado hängen und an jenen schwarzen Tag in der Geschichte der Cheyenne-Indianer erinnern, den auch die Nachfahren der unglücklichen Opfer nicht vergessen können. Ron Hawks gehört zu diesen Nachfahren. Sein Gesicht ist starr, und seine Augen haben jeden Glanz verloren, als wir in unserem Geländewagen über den Highway 50 steuern. Zwischen einsamen Feldern und weitläufigen Ranches liegt eine unscheinbare Siedlung, die nur aus ein paar Häusern besteht und den Namen eines Mannes trägt, der in einem Atemzug mit den Kriegsverbrechern der Geschichte genannt werden muss: Chivington!

Colonel John Milton Chivington war für eines der grausamsten Massaker in der Geschichte der Indianerkriege verantwortlich: das Sand Creek Massaker. Der ehemalige Holzfäller, ein gebildeter und bibelfester Mann, zog als Methodisten-Prediger durch Missouri und wetterte gegen die Sklaverei, die er zutiefst verabscheute. In St. Joseph hatte er zwei geladene Revolver neben der Bibel liegen. Im Jahr 1860 predigte er in den Saloons von Denver gegen das Laster. Erst der Bürgerkrieg, der ein Jahr später begann, bewog ihn dazu, die Kirche zu verlassen und sich den First Colorado Volunteers anzuschließen. Als Major besiegte er die Südstaatler am Glorieta Pass in New Mexico. Er wurde zum Colonel befördert und stand erneut im Mittelpunkt der Kritik, als er sich weigerte, einen Teil seiner Truppen nach Kansas und Missouri zu beordern. Dort verlief der Bürgerkrieg besonders blutig.

Auch über Colorado zogen dunkle Wolken herauf. Der Krieg, der in Minnesota gegen die Sioux geführt wurde, und die erbitterten Kämpfe zwischen den Cheyenne und Ute in Colorado machten die Bevölkerung nervös. Susan Riley Ashley, eine Bürgerin von Denver, berichtete über einen Vorfall, der sich an einem „wunderschönen Sonntagmorgen des Jahres 1861" zutrug: „Ich sah eine Bande von ungefähr dreißig oder vierzig Cheyenne und Arapaho die Straße heraufkommen. Sie stießen Kriegsrufe aus und hielten eine Lanze mit fünf frischen Ute-Skalps empor!" In Fort Lyon schoss ein Soldat auf einen Cheyenne-Krieger, als der sich weigerte, seine Tochter gegen eine Flasche Whisky einzutauschen. Die Indianer beklagten sich darüber, dass ihre Frauen vergewaltigt, ihre Pferde gestohlen und ihre Rationen von den Agenten einbehalten wurden. Mrs. Colley, die Ehefrau eines Agenten, wurde dabei beobachtet, wie sie

Highway.
Die Asphaltstraße folgt den historischen Pfaden der Indianer und weißen Siedler nach Norden.

Cheyenne.
Ron Hawks gedenkt der Männer, Frauen und Kinder, die am Sand Creek auf grausame Weise ums Leben kamen.

mit dem Mehl, das für die Indianer bestimmt war, Kuchen backte und an die Soldaten im Fort verkaufte. Sie wurde niemals dafür belangt.

Das Jahr 1863 war ein „Jahr des Hungers" für die Indianer. Zahlreiche Kinder erkrankten an Keuchhusten und Durchfall. Die kriegerische Haltung der Cheyenne und Arapaho steigerte die Nervosität der Bürger, die sich trotz der Weigerung von Colonel Chivington davor fürchteten, dass weitere Truppen nach Süden abgezogen wurden. Manche Zeitungen behaupteten sogar, dass sich Agenten der Südstaaten bei den Indianern aufhielten, um sie gegen die Bürger in Colorado aufzuhetzen. Ein gewisser Robert North erschien im Büro des Gouverneurs und behauptete, die Cheyenne und Arapaho bereiteten einen Krieg vor, und als im Juni 1864 vier Arapahos eine weiße Siedlerfamilie überfielen und töteten, und die zerstümmelten Körper der Unglücklichen in Denver ausgestellt wurden, war der Frieden endgültig in Gefahr.

Im August desselben Jahres erließ der Gouverneur John Evans eine Proklamation, die alle Bürger von Colorado ermächtigte, mit Waffengewalt gegen feindliche Indianer vorzugehen und den geraubten Besitz zu behalten. Mit Plakaten wurden „Indianerkämpfer" gesucht, die bereit waren, sich für hundert Tage der US-Kavallerie anzuschließen. Die übelsten Indianerhasser von Denver taten sich mit stadtbekannten Trunkenbolden und Schlägern zusammen und schworen, es den „verdammten Rothäuten endgültig heimzuzahlen!" Die aufgebrachten Bürger klatschten Beifall. Ausgerechnet Major Edward Wynkoop, der Kommandant von Fort Lyon, weckte noch einmal die Hoffnung auf Frieden, als er in Friedensverhandlungen mit Black Kettle trat und Freundschaft mit dem Häuptling schloss. Sein Verständnis für die Indianer wuchs und führte zu einem aufopferungsvollen Feldzug für den Frieden, der von Gouverneur Evans und Colonel Chivington argwöhnisch beobachtet wurde. Beide Männer plädierten für einen Krieg. John Evans war daran interessiert, das Indianerproblem so schnell wie möglich zu lösen, damit Colorado in die Union aufgenommen werden konnte, und er zum ersten Gouverneur des neuen Staates gewählt wurde, und Chivington wollte militärische Ehren.

Im September des Jahres 1864 blieb Evans nichts anderes übrig, als mit Black Kettle und den anderen Abgesandten der Cheyenne und Arapaho zu verhandeln. Die Indianer wurden aufgefordert, den Kriegspfad zu verlassen und nach Fort Lyon zu kommen. Colonel Chivington schäumte vor Wut, als er sah, wie die Indianer vor dem Fort lagerten. Die Friedensinitiative des Majors schien aufzugehen. Das Blatt wendete sich, als es dem Colonel gelang, Wynkoop von seinem Posten zu entbinden und am 5. November durch Major Scott Anthony zu ersetzen, einen notorischen Indianerhasser. Im Einvernehmen mit Gouverneur Evans, der nichts Eiligeres zu tun hatte, als nach Washington zu reisen, um möglichst weit vom Ort des Geschehens zu sein, befahl er, die Indianer vom Regierungsland zu vertreiben. Black Kettle wurde versichert, ihm würde nichts geschehen, solange er mit seinen Leuten am Sand Creek lagerte und die amerikanische Flagge hisste. Von dieser Abmachung wusste auch Colonel Chivington, als er mit seiner Armee von 700 Freiwilligen am Sand Creek hielt.

„Hier haben sie gelagert", sagt Ron Hawks, als wir an der Biegung des Flusses halten und in die weite Senke hinabblicken. Der Fluss führt kaum noch Wasser, so wie damals, an jenem denkwürdigen 29. November 1864, als die Soldaten angriffen. Hitzeschleier liegen über dem ehemaligen Schlachtfeld, das zum Besitz eines weißen Ranchers gehört, der heute noch der Meinung ist, damals habe kein Massaker, sondern eine Schlacht stattgefunden. Immerhin erlaubt er den Nachfahren der unglücklichen Cheyenne, Zeremonien auf seinem Land abzuhalten. Zu einer nationalen Gedenkstätte soll das Schlachtfeld erst im Jahr 2001 werden. Ron blickt wütend zum Fluss hinab. „Die Weißen haben ihren Verbrechen ein weiteres hinzugefügt, indem sie nicht einmal eine Gedenktafel aufstellten. Das geschah viel zu spät!"

Aber seine Trauer über den grausamen Tod der Männer, Frauen und Kinder ist größer als seine Wut auf die Behörden in Washington. „Ich bin von einer tiefen Traurigkeit erfüllt, wenn ich am Ufer des Sand Creek stehe", berichtet er später. „Immer wenn ich das Schlachtfeld besuche, erlebe ich noch einmal das furchtbare Massaker. Ich sehe genau, was geschieht. „Nur ein toter Indianer ist ein guter Indianer", sagte General Miles einmal, und ausgerechnet ein ehemaliger Prediger setzte seine Worte in die Tat um." Er zögert einen Augenblick und überbrückt das Schweigen, indem er sich eine Zigarette anzündet. „Auch meine Vorfahren waren hier", fährt er heiser fort, „bis zu diesem Tag waren wir Cheyenne." Später wird Ron mir erzählen, wie es dazu kam, dass seine Ur-Ur-Großeltern bei den Lakota aufwuchsen.

Wir setzen uns in das kniehohe Gras und atmen die heiße Luft. Am 29. November 1864 war es bitterkalt, und ein drohender Blizzard lag in der eisigen Luft. Im Osten dämmerte der Morgen. Mit geschlossenen Augen beobachten wir, wie Crow Woman ihr Tipi verlässt und mit einem Wasserbehälter zum Fluss geht. Auf halber Strecke bleibt sie stehen. Ihre Augen blicken zu den Hügeln hinauf und erkennen die bedrohlichen Schatten der Soldaten. Nur einige der Männer tragen die blaue Uniform, aber darauf achtet Crow Woman nicht. Sie sieht die beiden Kanonen und die Waffen in den Händen der weißen Männer, und über ihre Lippen kommt ein spitzer Schrei. „Veho! Veho! Die Soldaten greifen an!"

George Bent, der Sohn eines Pelzhändlers und einer Cheyenne, war zur Zeit des Angriffs im Lager und gab später zu Protokoll: „Als ich zum Tipi des Häuptlings blickte, sah ich, dass Black Kettle eine große amerikanische Flagge an eine Tipistange gebunden hatte, als Zeichen für die Soldaten, dass sein Lager friedlich war. Ein Teil der Krieger rannte zur Pferdeherde, die restlichen Leute irrten ängstlich durch das Lager. Black Kettle rief, dass niemand Angst zu haben bräuchte. Das Dorf stehe unter dem Schutz der amerikanischen Regierung, und es bestehe keine Gefahr. Doch die Soldaten eröffneten plötzlich das Feuer auf Männer, Frauen und Kinder, und alle rannten davon.

Der Hauptteil der Indianer rannte das Bachbett hinauf. Es war trocken bis auf ein paar Pfützen. Die Ufer des breiten Flusses waren zwischen einem halben und drei Meter hoch. Während die meisten Indianer durch das trockene Flussbett flohen, versuchten einige Krieger, die Pferde vor den Soldaten zu retten, und kleine Gruppen rannten in alle Richtungen zu den sandigen Hügeln. Ich schloss mich ungefähr zehn jungen Kriegern an, die nach Westen flohen, aber die Soldaten sahen uns und

Zorn. Ron Hawks unterstützt die Bemühungen der Indianer, die Knochen ihrer Gefallenen aus den Museen zurückzuholen.

Handel. Einen solchen Handelsposten führte George Bent, der weiße Freund und Partner der Cheyenne.

Trauer. Die Erinnerung an den blutigen Morgen am Sand Creek hat sich unauslöschlich in das Gedächtnis der Cheyenne gegraben.

Freiwillige. Ehemalige Soldaten, aufgebrachte Siedler und profitgierige Geschäftemacher schlossen sich dem bluthungrigen Chivington an.

Kinder.
Hilflose Kinder gehörten zu den bemitleidenswerten Opfern des Massakers am Sand Creek. Sie wurden grausam abgeschlachtet.

deckten uns mit einem so heftigen Feuer ein, dass wir zurücklaufen und uns im Flussbett verstecken mussten. Wir folgten dem Hauptteil der Indianer und wurden heftig von den Soldaten beschossen, die uns dicht auf den Fersen waren. Wir rannten an vielen Indianern vorbei, Männern, Frauen und Kindern, einige verwundet, andere tot, im Sand und im Wasser liegend. Wir erreichten die anderen, die Löcher in die Steilufer gegraben hatten und sich dort verteidigten. Ich wurde von einer Kugel in die Hüfte getroffen und schwer verwundet, schaffte es aber in eine der Gruben.

Chivingtons Männer hatten sich bei den Gruben versammelt und schossen auf die Indianer. Es kamen immer mehr Soldaten. Sie konzentrierten ihr Feuer auf die Gruben, und wir wehrten uns so gut wie möglich mit Feuerwaffen und Pfeil und Bogen. Wir hatten nur wenige Waffen. Wenn die Soldaten die meisten Männer in einer Grube erschossen hatten, eilten sie herbei und töteten die Verwundeten und unverletzten Frauen und Kinder. Der Kampf dauerte bis Sonnenuntergang. Dann rief der Kommandeur seine Männer zurück, und sie ritten zum verlassenen Lager zurück. Unterwegs skalpierten und verstümmelten sie die Toten in einer Weise, die noch kein Indianer gesehen hatte. Little Bear erzählte mir kürzlich, dass er eine alte Frau gesehen habe. Sie war von den Soldaten bei lebendigem Leibe skalpiert worden und sei wie eine Blinde durch das Lager gestolpert. Der Rest ihrer blutigen Kopfhaut habe ihr über die Augen gehangen."

Black Kettle und seiner Frau gelang auf wundersame Weise die Flucht. Der greise White Antelope weigerte sich zu fliehen und sang sein Totenlied: „Nur die Erde und die Berge leben ewig!" Von Augenzeugen wird berichtet, dass eine Frau mit gebrochenem Bein auf dem Boden lag und von einem Soldaten mit gezücktem Säbel angegriffen wurde. Als sie ihren linken Arm hob, ließ der Soldat den Säbel darauf niedersausen. Sie hob den anderen Arm und bekam auch den abgeschlagen. Dann verschwand der Soldat, ohne sie zu töten. Ungefähr vierzig Frauen, die sich zwischen einigen Hügeln verteidigten, schickten ein sechsjähriges Mädchen mit einer weißen Flagge vor. Das Kind starb an einem Kopfschuss. Die Soldaten vergewaltigten und töteten und rissen einer jungen Frau das ungeborene Kind aus dem Leib. Die Angreifer waren wie von Sinnen und folgten dem Befehl von Colonel Chivington, der sie mit den Worten in den Kampf geschickt hatte: „Wird Zeit, dass wir den Ball eröffnen! Ich kann euch nicht befehlen, auf Frauen zu schießen, aber denkt an die vielen Frauen und Kinder, die diese Indianer getötet haben!"

Von Buffalo Calf Woman, einer besonders tapferen Frau, wird berichtet, dass sie mitansehen musste, wie ihr Großvater, Va-

Überlebende. Die wenigen Überlebenden flohen nach Norden, darunter auch zwei junge Mädchen, die Vorfahren von Ron Hawks.

Mahnmal. Auf dem einstigen Schlachtfeld, jenseits einiger Felder in Colorado gelegen, soll ein Mahnmal für die gefallenen Cheyenne errichtet werden.

Hoffnung. Die jungen Cheyenne gehen im 21. Jahrhundert in eine bessere Zukunft.

ter und Ehemann getötet wurden. Sie wurde von einem Soldaten angegriffen und schaffte es, nach dem Büffelgewehr zu greifen, das einige Goldsucher ihrem Großvater gegeben hatten, und den weißen Angreifer zu erschießen. Dann gelang es ihr zu fliehen. Sie schloss sich Überlebenden an und kämpfte bis zu ihrem Tod als Kriegerin gegen die verhassten Vehos. Auf der anderen Seite weigerte Captain Silas Soule sich, seine regulären Soldaten auf die Indianer schießen zu lassen, und postierte sie zwischen die flüchtenden Frauen und Kinder sowie Colonel Chivington und seine Truppen. Der Indianerschlächter und der friedliebende Captain waren bis zu ihrem Tod erbitterte Feinde.

Die Schießerei dauerte ungefähr acht Stunden, das Massaker ging bis in die tiefe Nacht weiter. Die meisten Soldaten befanden sich in einem Blutrausch, schnitten den toten Frauen die Brüste ab und trugen sie als Trophäen davon. Ungefähr 133 tote Cheyenne und Arapaho wurden gezählt, darunter 98 Frauen und Kinder. Einige Frauen und Kinder wurden als Gefangene verschleppt, zwei kleine Mädchen und ein Junge wurden nach Denver gebracht und dort als Kuriositäten vorgeführt. Die heimkehrenden Soldaten und Freiwilligen wurden wie Helden empfangen und mit einer Parade geehrt. Die erbeuteten Skalpe konnte man während eines Empfangs in einem Theater besichtigen. Die wenigen Weißen, die einen kühlen Kopf behielten, wollten Colonel Chivington vor Gericht bringen, aber der ehemalige Methodistenprediger verließ die Armee rechtzeitig und zog nach San Diego. 1873 kehrte er nach Ohio zurück. Dort hinderten ihn die friedliebenden Quäker daran, sich für ein politisches Amt zur Wahl zu stellen. Er zog nach Denver, wurde Hilfssheriff und Leichenbeschauer und starb 1894 nach einer langen Krankheit.

Erst nach einer Stunde, die wir schweigend am Ufer des trockenen Flussbettes verbracht haben, überwindet Ron Hawks die schmerzvolle Erinnerung und berichtet von seinen Vorfahren, die das Massaker am Sand Creek auf wundersame Weise überlebten: „Babyface, meine Ur-Urgroßmutter, und Howling Crane, ihre Tochter, wachten auf, bevor die Soldaten kamen. Sie gingen zum Fluss hinunter und suchten nach einer tiefen Stelle, um Wasser zu holen. Sie hatten wohl gerade den ersten Behälter gefüllt, als die Blauröcke angriffen und zu schießen begannen. Vor Schreck erstarrt blieben sie im kalten Wasser stehen. Sie beobachteten, wie die weißen Männer ihre Verwandten erschossen, waren aber unfähig zu schreien oder zu fliehen. Wie durch ein Wunder blieben sie unverletzt. Wakan Tanka wollte nicht, dass sie an diesem Tag starben. Die Soldaten schienen sie gar nicht zu bemerken und ritten an ihnen vorbei, ohne auf sie anzulegen. Die Mädchen verharrten den ganzen Tag und die ganze Nacht im Fluss. Es war Ende November, und ein eisiger Wind blies über die Ebene. Zum Glück waren sie in dem Flussbett einigermaßen geschützt. Sie bewegten sich erst, als die Soldaten verschwunden waren, und torkelten ins Dorf. Meine Ur-Urgroßmutter erzählte, dass sie zu entsetzt waren, um zu weinen. Sie rafften einige Vorräte zusammen, griffen nach einem Gewehr, dass zwischen den eingestürzten Tipis lag, und flohen in nordlicher Richtung. Sie wollten zu Red Cloud, der sich mit seinen Leuten im Norden aufhielt. Auch dort hatten sie Verwandte. Sie flohen tagelang über die Prärie und hatten das Glück, nicht von den Soldaten entdeckt zu werden. Bei Red Cloud fanden sie eine neue Familie. Sie wurden Lakota. Meine Ur-Urgroßmutter wurde über 100 Jahre alt und starb erst 1956."

Einer Initiative des indianischen Senators Ben Nighthorse Campbell ist es zu verdanken, dass der historische Massaker-Platz am Sand Creek nun endlich unter Denkmalschutz und unter die Verwaltung des National Park Service gestellt wird. Allerdings wird es noch einige Jahre dauern, bis die Gedenkstätte für Besucher geöffnet wird. Ron Hawks: „Im November habe ich zu Ehren dieses späten Sieges getanzt. Weiße und Indianer dürfen das Massaker am Sand Creek niemals vergessen!"

Federn. Auch Indianern ist es verboten, die Adler ihrer kostbaren Federn zu berauben. Ron Hawks ist auf tote Vögel angewiesen.

cheyenne

DIE LÜGEN DES WEISSEN MANNES

Asphalt.
Jenseits der Rocky Mountains führt der Highway nach Norden auf die Prärie und nach Fort Laramie.

Vor den Baracken von Fort Laramie erinnert Ron Hawks sich an die Verhandlungen zwischen Indianern und Weißen, die im Jahr 1868 zum Frieden führten: „Aber die Worte der Weißen waren auf Wasser geschrieben."

Auch nach einem ausgiebigen Frühstück sieht Cheyenne wenig einladend aus. Die einstige „Magic City of the Plains", die magische Stadt der Prärie, wirkt eher düster und abweisend, und der West Lincolnway ertrinkt im winterlichen Nebel. Die Ampeln stechen leuchtend aus dem milchigen Dunst. Koda springt sofort in den Van, als wir das Motel verlassen, und wir lassen unsere Anoraks an, bis die Heizung summt und den Nachtfrost aus den Wagen treibt. Die Scheibenwischer reiben die Feuchtigkeit von den Scheiben. Es ist kaum Verkehr auf der langen Durchgangsstraße, ein Tankwagen, einige Pickups, ein Streifenwagen des Sheriffs. Ein langer Güterzug der Union Pacific rattert im Schritttempo am Asphalt entlang und begleitet uns bis zum Stadtrand.

Ron Hawks trinkt von seinem heißen Kaffee und greift zur zweiten Zigarette. Ich öffne das Fenster einen kleinen Spalt. Vor 150 Jahren hätte es wenigstens eine Rauchklappe in seinem Tipi gegeben. Er deutet auf die beiden Dieselloks, die den langen Zug mit vereinten Kräften über einen Bahnübergang ziehen: „Ohne die Eisenbahn würde es Cheyenne gar nicht geben!" Und mit seinem hintergründigen Lächeln, das auch viel Traurigkeit verrät: „Das Feuerross hat meinem Volk den Todesstoß versetzt. Mit der Eisenbahn kamen die weißen Jäger nach Westen, die unsere Büffel abschossen. Die Union Pacific organisierte sogar Jagdausflüge ins Büffelland. Die Männer lehnten am offenen Fenster und schossen aus dem fahrenden Zug! Nur so zum Spaß! Sie häuteten die Tiere nicht einmal!" Er zieht kräftig an seiner Zigarette und kann seine Abscheu nicht verbergen. Allein der Gedanke an die rücksichtslosen Jäger macht ihn wütend.

Die Eisenbahn als Symbol des expandierenden Amerika. Als Dolchspitze des Kapitalismus, der während des Baus der Central und Union Pacific die ersten Blüten trieb. Die Gesellschaften stahlen die Jagdgründe der Indianer, enteigneten aber auch widerspenstige Rancher und Farmer und verkauften das Land entlang der Schienen zu unverschämten Preisen.

Hotels und ganze Städte wurden aus dem Boden gestampft. Das Aktiengeschäft blühte, und Betrug und faule Tricks waren an der Tagesordnung. Die Arbeiter, vor allem Einwanderer aus Irland und China, wurden ausgebeutet und nach vollendeter Arbeit in die Armenviertel zurückgeschickt. Die fauchenden Lokomotiven zogen ganze Wagenladungen mit Geschäftemachern, Spekulanten, Glücksrittern und leichten Mädchen nach Westen, und in den Städten und Camps am Ende der Schienen blühte das Laster.

Cheyenne wurde am 4. Juli 1867 gegründet, als der erste Zug der Union Pacific in einem Camp am Crow Creek hielt, und General Grenville M. Dodge, der Generalbevollmächtigte der Eisenbahn, kurzerhand entschied, einen Bahnhof in der Prärie zu errichten, bevor der beschwerliche Anstieg in die Rocky Mountains begann. Noch vor der offiziellen Einweihung des Bahnhofs kam es zu einem Zwischenfall: Indianer überfallen einen Bauzug, und auf dem Friedhof wurden die ersten Kreuze aufgestellt. Es blieben nicht die einzigen. Cheyenne wurde zu einer „Hölle auf Rädern", zog Abenteurer, Revolvermänner und andere zwielichtige Gestalten an, die sich in den sechzig Saloons und Bordellen der Stadt vergnügten. Der

Händler.
Der Handelsposten im historischen Fort Laramie sieht noch genauso aus wie im 19. Jahrhundert.

GUNPOWDER

Stolz.
Ron Hawks bewegt
sich auf den Spuren
seiner Vorfahren.

Double Decker, eines dieser zweifelhaften Etablissements, stand gleich neben der presbyterianischen Kirche. Zwischen den Bretterbuden und Zelten florierte damals die Sünde.

Für viele Indianer bedeutete der Aufschwung von Cheyenne den Verlust ihrer Jagdgründe. Die „gefleckten Büffel" der Rinderzüchter bevölkerten die ehemaligen Weiden der zottigen Tiere, die den Lebensunterhalt der Präriestämme gesichert hatten. Aus dem Sündenbabel wurde eine anständige Stadt, die mit vielen Metropolen an der Ostküste mithalten konnte. In den Restaurants wurden erlesene Speisen angeboten, und in den Läden hing die neueste Mode aus New York und Paris. Um das Jahr 1880 hatte Cheyenne bereits 14 000 Einwohner, und bereits einige Jahre später war klar, dass auch die Regierung in der Stadt bleiben würde. Cheyenne wurde zur Hauptstadt von Wyoming.

Von der einstigen Geschäftigkeit ist kaum noch etwas zu spüren. Nur während der „Frontier Days", einem der größten und ältesten Rodeos der Welt, wird Cheyenne wieder zur „Magic City of the Plains". Über 300.000 Besucher aus allen Teilen des Landes reisen zu dem Cowboyfest an und streiten sich um das tägliche „Pancake Breakfast", das kostenlos an ungefähr 10.000 Besucher ausgegeben wird. Der Pfannkuchenteig, sagenhafte 2.000 Kilo schwer, wird in einem Zementmixer verrührt. Im Frontier Park im Norden der Stadt wartet ein riesiger Jahrmarkt mit Achterbahnen und Karussells, und an den vielen hundert Verkaufsständen werden Hamburger und Hot Dogs, Eiscreme und Zuckerwatte und Indianerschmuck, Westernkleidung und Souvenirs verkauft. Im Tipi Village tanzen Indianer. „Ich war vor ein paar Jahren hier", verrät Ron, „bin aber nie wiedergekommen. Der Rummel ist mir zu groß. Ich mag kommerzielle Pow-wows nicht. Die Leute starren einen an und fotografieren, ohne zu fragen. Man kommt sich wie in einem Menschenzoo vor." Die Idee zu den Frontier Days sollen einige Bürger gehabt haben, als sie mit dem Zug von Cheyenne nach Greely fuhren. Doch die meisten Cowboys glauben an die Legende von F. W. Angier, einem Angestellten der Union Pacific Railroad, der einige Cowboys beobachtete, die ein störrisches Pferd in einen Güterwagen schoben. Dabei soll ihm die Idee gekommen sein, einen Wettbewerb für Cowboys zu veranstalten. Im September 1897 fanden die ersten Frontier Days statt. Neben den Reiterwettkämpfen und dem Bullenreiten wurde den Zuschauern auch eine Schlacht zwischen Soldaten und Indianern geboten. Schon damals gingen Veranstalter wie Buffalo Bill daran, den Wilden Westen zu vermarkten. „Sogar Lakota-Krieger, die in der Schlacht am Little Bighorn gegen Custer gekämpft hatten, ritten durch die Arena", berichtet Ron, „wir haben unseren eigenen Untergang gefeiert."

Wir verlassen Cheyenne und fahren über den Highway 85 nach Nordosten. Der Nebel verflüchtigt sich, und am bedeckten Himmel leuchtet eine weiße Sonne. Die Prärie ist mit Raureif bedeckt und glänzt wie ein erstarrter Ozean. Koda liegt hinter dem Fahrersitz und knabbert an dem Sandwich, das Ron aus dem Hotel mitgebracht hat. Er lässt ein zufriedenes Grunzen ertönen, als er es endlich verschlungen hat. Es riecht nach frischem Kaffee und Zigarettenrauch. Die Adlerfedern am Innenspiegel zittern in der heißen Luft, die aus den Lüftungsschlitzen bläst. Wir beobachten einen Falken, der einsam am Himmel kreist, und sehen ein Kaninchen, das im Zickzack über einen Hügel flieht. Vereinzelte Cottonwoods ragen aus der endlosen Ebene. Selbst vor 150 Jahren wäre man um diese Zeit kaum einem Menschen begegnet. Die Indianer hielten sich im Winter am liebsten in ihren Tipis auf und lauschten den Geschichten der weisen Männer, die von dem schlauen Coyoten erzählten, der selbst mit erfahrenen Kriegern seinen Schabernack trieb. In den Zelten brannten Feuer, und ringsum lagen Büffelfelle auf dem Boden, damit keine kalte Luft in den Innenraum drang.

„Im Winter gab es keinen Krieg und keine Jagd, und man verließ das Lager nur, wenn man dazu gezwungen war", berichtet Ron. „Erst im Frühjahr erwachten die Dörfer zu neuem Leben. Im Winter war es zu kalt auf der Prärie, und es bestand immer die Gefahr eines Blizzards!"

Über den Highway 26 geht es nach Fort Laramie. Vor dem Grattan Massacre Monument, einem schlichten Denkmal, erzählt Ron von jenem unglückseligen Augenblick, der in den meisten Geschichtsbüchern als Beginn der Sioux-Kriege ge-

Symbole. Heilige Zeichen stärken den Schildträger.

Sweet Grass. Der Rauch des verbrannten Sweet Grass setzt reinigende und heilende Kräfte frei.

Fort Laramie. Ron Hawks auf dem Paradeplatz des ehemaligen Militärstützpunkts.

führt wird: „Das war im Jahr 1854. Im Spätsommer warteten einige Stämme unseres Volkes vor Fort Laramie auf die versprochenen Lebensmittellieferungen. Als die Ankunft der Wagen sich verzögerte, ritten einige Krieger der Brulé zu einem Wagenzug der Mormonen und raubten einen Ochsen. Der Kommandant von Fort Laramie beorderte Lieutenant John L. Grattan und 29 Soldaten ins Indianerlager, um die Krieger festzunehmen. Leider war der junge Lieutenant seiner Aufgabe nicht gewachsen. Er sah den Befehl als willkommene Gelegenheit, sich einen Namen zu machen und befördert zu werden. Als die Indianer sich weigerten, die schuldigen Krieger zu nennen, ließ er wahllos in die Menge schießen. Die Indianer wehrten sich und töteten die Soldaten."

Wir folgen dem historischen Oregon Trail nach Westen und erreichen Fort Laramie am späten Vormittag. Von den umliegenden Hügeln sehen die restaurierten Häuser des legendären Militärpostens noch genauso aus wie im 19. Jahrhundert. Es gab keinen Palisadenzaun und keine Wachttürme. In dem Fort waren so viele Soldaten stationiert, dass kein Indianer gewagt hätte, die Bastion anzugreifen.

Ron steigt mit gemischten Gefühlen aus dem Van. Fort Laramie war ein wichtiger Haltepunkt für die vielen Siedler, die über den Oregon Trail nach Westen kamen, und stand im Brennpunkt des erbitterten Krieges, der nach dem Grattan Fight die Prärie erschütterte. Hier waren die Soldaten stationiert, die gegen die Lakota in den Krieg zogen. Ron holt eine Wolldecke aus dem Wagen, um sich gegen den böigen Wind zu schützen, der eiskalt über den Paradeplatz weht. „An einem solchen Ort muss ich daran denken, dass es mich gar nicht gäbe, wenn diese Soldaten meine Vorfahren erschossen hätten."

Im Verwaltungsgebäude treffe ich einen alten Bekannten. Rex Norman hat mich schon vor einigen Jahren durch das Fort geführt, ein schnauzbärtiger Ranger in der Uniform des National Park Service, der sich jahrelang mit der Geschichte des Forts beschäftigt hat. Die Begegnung mit Ron Hawks, der seine traditionelle Kleidung angelegt hat und mit seiner federgeschmückten Lanze wie ein Krieger aus dem vorigen Jahrhundert aussieht, bereitet ihm etwas Unbehagen. Nicht die Hautfarbe des alten Lakota macht ihn nervös. Der Ranger kennt viele Indianer und weiß mit ihnen umzugehen. Es ist die Begegnung mit einem ehemaligen Feind der Soldaten, die ihn aus der Fassung bringt. In den Schlafquartieren der Soldaten sind die Betten gemacht, die Decken sauber gefaltet, über dem Kopfende hängen Kleidung und Waffen der Soldaten. Die private Habe ist in einer kleinen Kiste am Fußende untergebracht. Auf einem Tisch liegen Spielkarten, als wären die Männer eben im Raum gewesen. Die Vergangenheit wird lebendig, und der Lakota wird zur Gestalt aus einem bösen Traum, der die Soldaten vor einem Feldzug quält. „Manchmal spukt es hier", flüstert der Ranger, „dann hört man die Stimmen der toten Männer, die von blutigen Kämpfen erzählen!"

Ron bleibt mit gemischten Gefühlen vor den Soldatenquartieren stehen, und an seinem versteinerten Gesicht erkenne ich, dass auch er in die Vergangenheit zurückgekehrt ist.

Wir laufen über den Paradeplatz und bleiben neben den Mannschaftsquartieren stehen. Dort drüben, am Zusammenfluss von Platte River und Laramie River, stand das erste Fort Laramie. William Sublette, ein erfolgreicher Pelzhändler, hatte es 1834 gegründet, um Handel mit den Indianern zu treiben. Damals lebten die meisten Prärie-Indianer noch in Frieden mit den Weißen. Im Jahr 1836 wurde das Handelsfort von der American Fur Company übernommen, 1841 ersetzten einige Gebäude aus Adobe-Lehm die Blockhäuser. Aus dem neuen Fort John wurde das zweite Fort Laramie, das im Jahr 1849 in den Besitz der Armee überging und zu einem bedeutenden Stützpunkt im Indianerland wurde.

Während der Fünfziger Jahre kühlte das Verhältnis zwischen Indianern und Weißen ab. Immer mehr Siedler strömten nach Westen, und das Ende der langen Wagenzüge war kaum noch auszumachen. Einige Krieger verlangten Wegzoll von den durchziehenden Siedlern. Sie baten um Kaffee und Tabak und legten sich mit den Weißen an, wenn sie nichts bekamen. Im Jahr 1851 wurde einige Meilen südlich von Fort Laramie, am Horse Creek, ein Vertrag zwischen den Indianern und der amerikanischen Regierung geschlossen. Über 10 000 Sioux, Cheyenne und Arapaho folgten dem Ruf des Indianeragenten Thomas Fitzpatrick

Kriegspfad. Verzweifelt kämpften die Lakota gegen die übermächtigen Weißen.

Wakan.
Die Schädel des mächtigen Bison waren „wakan" – „heilig".

und schlugen ihre Tipis am Ufer des Flusses auf. Sie unterzeichneten ein „Sprechendes Papier", aber als der Strom der weißen Siedler kein Ende nahm, war der Krieg nicht mehr aufzuhalten.

Der Goldrausch in Montana ließ alle Dämme brechen. Nicht einmal die Armee konnte die goldhungrigen Männer aufhalten, die mit Hacke und Schaufel in die Jagdgründe der Indianer einfielen und über den Bozeman Trail nach Norden zogen. Red Cloud rief seine Krieger zu den Waffen. Der Häuptling, ein gewiefter Stratege, führte einen zermürbenden Krieg gegen die Weißen und schwor, erst Frieden zu schließen, wenn die Armee ihre neuen Forts verlassen hatte. „Red Cloud ist der einzige Häuptling, der einen Krieg gegen die Armee gewonnen hat", sagt Ron, als wir über den Paradeplatz gehen und zum Fluss hinüberblicken. Dort wurde am 29. April 1868 der Vertrag unterzeichnet. „Die Regierung ließ sich auf seine Bedingungen

Coups.
Mit Coupstäben wurden die Feinde berührt.

ein und brannte die Forts bis auf die Grundmauern nieder." Aber der Frieden währte lediglich sechs Jahre. 1874 wurde Gold in den Black Hills gefunden, ein neuer Siedlerstrom ergoss sich nach Westen. Einige Häuptlinge ergaben sich und wählten den Weg des Weißen Mannes, aber stolze Anführer wie Crazy Horse und Sitting Bull riefen die Krieger zusammen und schworen, bis zum letzten Atemzug um ihre Jagdgründe zu kämpfen.

Fort Laramie gehört zu den besterhaltenen Forts im amerikanischen Westen. Über ein Dutzend der historischen Gebäude wurden restauriert und sehen teilweise noch genauso aus wie zur Zeit der Indianerkriege, zum Beispiel das Commisary Storehouse von 1884, in dem heute das Besucherzentrum und ein kleines Museum untergebracht sind, oder die alte Bäckerei von 1876, in der täglich ungefähr siebenhundert Brote gebacken wurden. Die Infantry Barracks mit den Mess Halls, das alte Wachhaus von 1866, die Captain's Quarters von 1870, das Pulvermagazin. Das Quartier des Post Surgeons, der viele Kranke in seinem Hinterzimmer verarztete, der Laden des Post Traders, in dem heute noch Biberfelle an der Wand hängen und Werkzeuge und Decken in den Regalen liegen. Die Ruinen des Krankenhauses von 1873. Wir bleiben vor einem zweistöckigen Holzhaus mit Veranda stehen. „Old Bedlam", das Quartier der unverheirateten Offiziere, wurde 1849 erbaut und war zwischen 1863 und 1864 das Hauptquartier des Militärpostens. Lieutenant Colonel William O. Collins, der Oberbefehlshaber, und seine Frau lebten im zweiten Stock.

„Das Leben der Soldaten war nicht einfach", berichtet Rex Norman, als wir ins Verwaltungsgebäude zurückkehren. „Obwohl es in den Westernfilmen meist anders aussieht, gehörten die meisten Männer zur Infanterie. Wenn sie im Einsatz waren, marschierten sie fünf oder sechs Stunden über die Prärie, bevor ihnen eine Pause gegönnt wurde. Sie lebten in der ständigen Gefahr, von einer Übermacht feindlicher Sioux oder Cheyenne angegriffen zu werden. Sie exerzierten in schmucklosen Uniformen auf dem Paradeplatz oder beim Stalldienst und sehnten die seltenen Tage herbei, an denen Sold ausgezahlt wurde, und sie die wenigen Dollar für leichte Mädchen und schlechten Schnaps ausgeben konnten. Die meisten Soldaten waren Einwanderer aus dem fernen Europa, verstanden kaum Englisch und bereuten schon nach wenigen Monaten, die fünfjährige Dienstzeit angetreten zu haben. Zwischen 1865 und 1890 desertierten über dreiunddreißig Prozent aller Soldaten, andere verfielen dem Alkohol, der in der Marketenderei streng rationiert wurde, aber außerhalb des Stützpunktes in rollenden Bordellen verkauft wurde."

Wir fahren am Abend weiter, nachdem Ron seinen Hund zum Fluss hinuntergeführt hat. Seine gute Laune ist zurückgekehrt, als er sich hinter das Steuer setzt. Er schiebt eine Kassette mit traditioneller Indianermusik ins Autoradio und lenkt den Wagen aus dem Fort. Die Häuser bleiben in der Dämmerung zurück.

Red Cloud. Der Anführer der Lakota kämpfte erbittert gegen die Blauröcke.

Ranger. Ron Hawks im (friedlichen) Gespräch mit einem Park Ranger aus Fort Laramie.

casper

RED POWER AM WOUNDED KNEE

Chronik. Winter Counts berichten aus der Vergangenheit der Lakota.

In Casper trifft Ron Hawks einen Mann seines Volkes, der immer noch an den Sieg der Lakota glaubt und am Wounded Knee dabei war, als radikale Red-Power-Leute noch einmal das Kriegsbeil ausgruben.

Auch in seiner Alltagskleidung zieht Ron Hawks alle Blicke auf sich. Die abgetragenen Jeans und das schwarze Hemd, das locker über seinen Gürtel hängt, lassen ihn wie einen Cowboy oder Farmer aussehen, aber seine pechschwarzen Haare hängen in dicken Zöpfen bis auf die Schultern herab, und auch eine dunkle Sonnenbrille kann sein zerfurchtes Indianergesicht nicht verbergen. Mit seinem Einkaufswagen, der mit Hundefutter, einem neuen Fressnapf für Koda und einigen Süßigkeiten gefüllt ist, sieht er wie ein Indianer aus dem vergangenen Jahrhundert aus, den es in moderner Kleidung ins 21. Jahrhundert verschlagen hat. Die Kassiererin starrt ihn mit großen Augen an und zwingt sich zu einem verlegenen Lächeln, als sie nach seiner Kreditkarte greift. Sie ist in Wyoming aufgewachsen und müsste den Anblick eines Häuptlings gewohnt sein, aber die Indianer, die bei ihr einkaufen, tragen meist kurze Haare und geben sich große Mühe, wie Amerikaner auszusehen. „Have a nice day", wünscht die Kassiererin routiniert, als wir den Laden verlassen.

Wir fahren nach Casper, folgen den verwehten Spuren der historischen Überlandtrails nach Nordwesten. Die Sonne hat den nebligen Dunst vertrieben und verbreitet ein magisches Licht. Orangefarbene Schleier liegen über dem feuchten Gras und den Salbeibüschen. Der Interstate liegt verlassen vor uns. Alle paar Meilen rauscht ein Truck vorbei und bringt unseren Van zum Zittern, ansonsten ist kaum Verkehr. Ron späht durch die Windschutzscheibe und deutet auf einen einsamen Adler, der hoch über dem Highway schwebt, und zündet sich eine neue Zigarette an. Der Rauch vertreibt den Geruch des Hundefutters. Das leise Brummen des Motors ist das einzige Geräusch und begleitet uns durch die einsame Prärie. Das Radio schweigt beharrlich.

Hinter der Brücke über den North Platte biegen wir zu den nachgebauten Blockhäusern ab, die an das historische Fort Casper erinnern, und kommen uns im Halbdunkel des winterlichen Abends etwas verloren vor. Ron hat sich eine Wolldecke über die Schultern geworfen und sieht wie ein „Blanket Indian" aus, der Geschäfte mit den weißen Soldaten macht. Die Häuser wirken so verlassen wie um das Jahr 1860, als Louis Guinard seine Platte Bridge Station an dieser Stelle betrieb. Eine primitive Holzbrücke, ein Handelsposten, eine Wechselstation für die Postkutsche und ein Telegrafenbüro waren der Vorläufer von Fort Casper, das erst 1865 so genannt wurde und bereits 1867 verlassen wurde. Der Posten wurde zuerst von einer Kompanie und nach dem Massaker am Sand Creek, als die Feindseligkeiten der Indianer zunahmen, von mehreren Einheiten der US-Armee bewacht. Im Juli 1865 wäre es beinahe von feindlichen Sioux und Cheyenne erobert worden, als die Krieger einen kleinen Wagenzug überfielen und zahlreiche Weiße töteten. Unter den gefallenen Soldaten war auch Lieutenant Caspar Collins, der versucht hatte, einen verwundeten Soldaten zu retten, als sie auf der Brücke angegriffen wurden.

„Die weißen Siedler hatten den Vertrag gebrochen", verteidigt Ron Hawks die Krieger, „meinem Volk war zugesichert worden, dass keine Militärstützpunkte am North Platte errichtet wurden. Die Weißen scherten sich nicht um die Abmachung und drangen in unsere Jagdgründe ein."

Die Blockhäuser am North Platte wurden nach Originalskizzen von Lieutenant Collins gebaut. Im Museum treffen wir Rick

Red Power
Der Zorn vieler junger Indianer richtet sich gegen die eigene Regierung.

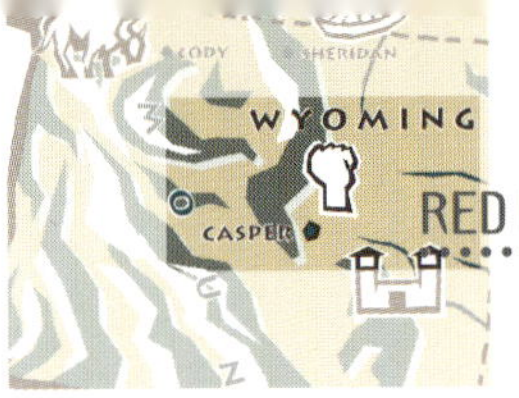

Adler. Adlerfedern stehen auch für das gewachsene Selbstvertrauen der Indianer.

Elite. Indianische Veteranen beim Dienst an der Waffe.

Young, einen betagten Historiker, der die Vergangenheit von Casper jahrelang studiert hat und uns auch verrät, dass die Stadt nach besagtem Lieutenant benannt wurde. Das zweite „a" in seinem Vornamen blieb irgendwann als Druckfehler auf der Strecke. „Fast alle Menschen, die in der ersten Hälfte des 19. Jahrhunderts nach Westen zogen, kamen hier vorbei", berichtet er. „Fort Casper war eine wichtige Station am Oregon Trail. Alle Wagenzüge hielten hier, bevor sie am Sweetwater River entlang und über den South Pass nach Oregon oder Kalifornien weiterzogen. Auch die Mormonen, die mit ihren Handkarren über den Mormon Trail nach Salt Lake City wanderten, kamen nicht an Fort Casper vorbei." In der Stadt erfahren wir vom neuen National Historic Trails Interpretive Center, dass den Besuchern die Bedeutung der Stadt als „Crossroads of the West" am Oregon Trail, Mormon Trail, California Trail und an der Pony Express Route näher bringt. Die Pony-Express-Reiter brachten die Post durch das Indianerland, bevor die Telegraphenlinie eröffnet wurde.

Eine Stadt wie Casper lebt von ihrer aufregenden Geschichte und der eindrucksvollen Landschaft, die besonders im Westen wartet. Dramatische Felsformationen und romantische Seen leuchten im winterlichen Sonnenlicht, als wir dem Oregon Trail weiter nach Westen folgen. Dann ruft uns eine Verabredung in die Stadt zurück. In einem Steakhaus treffen wir Kenneth Cane, einen politisch aktiven Führer der Oglala Lakota, der auf der Cheyenne River Reservation in South Dakota aufwuchs und sich auch als geistigen Anführer seines Volkes versteht: „Ich gehöre zur Takola Society der Oglala und arbeite als Lehrer und Übersetzer für die Lakota Nation. Indem ich die alten Legenden, Lieder und Zeremonien lehre und über die Mutter Erde spreche, versuche ich das spirituelle Wissen unseres Volkes anzuregen. Wir müssen wieder lernen, im Einklang mit der Natur und den Jahreszeiten zu leben. Wir wollen Verständnis für unsere Kultur wecken und zeigen den Schülern, wie man von der Natur lebt. Die Mutter Erde schenkt uns natürliche Nahrung und Medizin."

Als Gründer und treibende Kraft von Canku Luta (Red Road, Inc.) hat Ken seine Mission zum Beruf gemacht. Er ist weniger traditionell als Ron gekleidet, und in seinen dunklen Augen brennt ein beinahe fanatisches Feuer, das ihn bei den meisten Weißen und vor allem bei den konservativen Ranchern und Farmern in Wyoming als politischen Aktivisten der Red-Power-Bewegung abstempelt. Ron kennt seinen Stammesbruder nur vom Hörensagen und hält sich merklich zurück, als wir uns mit Ken und einigen Freunden an einen Tisch setzen. Er kann den indianischen Politiker nicht leiden, das wird mir gleich klar, und später erklärt er mir auch warum das so ist: „Ein geistiger Führer der Lakota würde niemals mit seiner Stellung werben. Das war schon damals so, als Sitting Bull und Crazy Horse lebten. Ein Häuptling oder Medizinmann erwirbt seine Autorität, indem er vorlebt, wie er sich ein ideales Leben vorstellt, auch heute noch. Er braucht keine Pressemappen oder Handzettel. Ken war mir zu laut. Er ist ein anderer Mensch, und ich will seinen radikalen Gedanken nicht folgen. Durch gewaltsamen Protest erreicht man gar nichts, das hat die Red-Power-Bewegung deutlich gezeigt. Auch ich werde von meinem Volk als geistiger Führer angesehen, aber ich würde niemals darüber reden. Selbst dir erzähle ich nicht alles. Es gibt Dinge, die ein Mann für sich behalten muss."

Red Power wurde Ende der Sechziger Jahre des 20. Jahrhunderts zum neuen Schlagwort auf der Prärie. „Es wird Zeit, dass die Indianer ihre verdammte Gleichgültigkeit ablegen und aufhören, sich von den Weißen an der Nase herumführen zu lassen!", formulierte Lehman Brightman, ein junger Lakota, den Anspruch der aufbegehrenden Jugend. Das neue Bewusstsein der Jugend, ihr Protest gegen das Establishment und den Krieg in Vietnam, ließen die Indianer erkennen, welche Wirkung man mit Demonstrationen und spektakulären Aktionen auf die öffentliche Meinung und die Medien haben kann. Vereinigungen wie das American Indian Movement (AIM) wurden gegründet.

Dennis Banks, ein Chippewa aus Minneapolis, und Russell Means, der viele Jahre später als Schauspieler in Filmen wie „Der mit dem Wolf tanzt" auftrat, waren die bekanntesten Anführer. Eine ihrer Forderungen: Die Regierung sollte die 371 einseitig gebrochenen Verträge überprüfen, richtigstellen und widerrechtlich angeeignetes Land zurückgeben und Entschädigung bezahlen. Zu den bedeutendsten Protestaktionen der Red-Power-Bewegung gehörte die Belagerung von Wounded Knee, dem Schauplatz des blutigsten Massakers in der Geschichte der Lakota-Nation.

Die Belagerung begann am 27. Februar 1973. Um sieben Uhr abends fielen zweihundert, mit Schnellfeuergewehren ausgerüstete Indianer in der kleinen Ortschaft Wounded Knee ein. Ihre Führer waren Russell Means, der selbst auf Pine Ridge zu Hause war, Dennis Banks und Verne Bellecourt, der Ponca Carter Camp, der Oglala Pedro Bisonette und der Brulé Leonard Crow Dog von der benachbarten Rosebud-Reservation. Alles verlief nach einem genau einstudierten Plan: Russell Means und seine Gefolgsleute räumten einen Laden aus und brachten Lebensmittel in den Keller der Kapelle. Schüsse hallten durch die Nacht. Einige Indianer entführten elf weiße Geiseln, darunter Pater Paul Manhart, den Jesuitenpriester der Kapelle, und sperrten sie in den Handelsposten von Clive und Agnes Gildersleeve.

Einige Indianer waren betrunken, und die Polizei konnte siebzehn Personen festnehmen, bevor sie der Situation machtlos gegenüberstand und Bundespolizei und Staatspatrouillen um Hilfe anrufen musste. Wenige Stunden später waren 250 Beamte mit M-16-Gewehren und Maschinengewehren vor Ort. Sie schlossen einen Postenring um die Kapelle und den Laden, etwa acht bis zehn Kilometer von der Ortschaft Wounded Knee entfernt. Die Indianer hatten inzwischen einen Verteidigungswall um die Kapelle gebaut, und zwischen den beiden Stellungen entstand eine neutrale Zone.

Die Beamten wurden zu äußerster Vorsicht angehalten, und der Schauplatz an der südlichen Grenze von South Dakota bot stundenlang ein trügerisches Bild des Friedens. Eine Verhandlung zwischen einigen Oglala-Lakota und dem FBI-Beamten Joseph Trimback verlief ergebnislos.

Kurz vor Mitternacht erschienen die beiden Senatoren McGovern und Abourezk am Wounded Knee. Die Beauftragten der Regierung konnten die Indianer dazu überreden, ihre Geiseln freizulassen, aber zehn von ihnen solidarisierten sich mit den Aufständischen und blieben freiwillig. Russell Means und Dennis Banks trugen ih-

Belagerung. Am Wounded Knee protestierten die Lakota gegen die Weißen.

Aufstand. Das Feuer der Red-Power-Bewegung brannte viele Jahre lang.

re Forderungen vor: 1. Die Ernennung einer Präsidialkommission durch das Weiße Haus, die auf die Reservation kommen und direkt mit den Häuptlingen und Führern des Stammes verhandeln sollte. 2. Einhaltung und Bekräftigung des Vertrages von 1868 und die Abberufung der von der Regierung eingesetzten Marionettenführungen von Pine Ridge und anderen Reservationen, die seit dem Jahr 1934 ein Teil der systematischen Unterdrückung der Indianer sind. 3. Eine Prüfung der Geschäftsbücher, um die gegen Richard Wilson, den von der Regierung eingesetzten Stammesvorsitzenden in Pine Ridge, erhobenen Anschuldigungen der Korruption und einer mit seinen treuhänderischen Pflichten nicht zu vereinbarenden Geschäftsführung zu enthüllen.

Die Regierungsvertreter baten um Bedenkzeit, konnten aber auch Tage später noch zu keinem Entschluss kommen. Inzwischen erfuhren die Führer von AIM, dass die Wohnung eines ihrer Sympathisanten von einer Bombe verwüstet wurde. Die Frau des Betroffenen wurde schwer verletzt in ein Krankenhaus gebracht. Die Indianer glaubten, dass Richard Wilson und seine Leute für den Racheakt verantwortlich waren. Als einige von ihnen versuchten, in der Nacht zum 6. März auszubrechen, um Wilson zu bestrafen, kam es zu einem Schusswechsel zwischen Aufständischen und Bundesbeamten. Vier Männer wurden verhaftet. Mehr Glück hatten Paul Davids und Dr. Cummings, zwei Sympathisanten von AIM, als sie mit einer leichten Cessna-Maschine innerhalb des Belagerungsringes landeten und Lebensmittel und Decken hinter die Barrikaden der Indianer schafften. Die beiden entkamen dem FBI um Haaresbreite, wurden aber schon am nächsten Tag festgenommen, obwohl sie den eingeschlossenen Indianern keine Waffen gebracht hatten.

Am selben Tag berief die Regierung eine Pressekonferenz ein, und ein Vertreter des Justizministeriums versprach, den Aufstand innerhalb von vierundzwanzig Stunden mit unblutigen Mitteln niederzuschlagen. Gleichzeitig postierten sich sechs Marshals der Regierung mit schweren Maschinengewehren auf den Hügeln vor der Kapelle. Das FBI stellte den Indianern ein Ultimatum: Bis zum Abend des 8. März sollten alle Eingeschlossenen ihre

Jugend. Die jungen Indianer legen die Opferrolle ab.

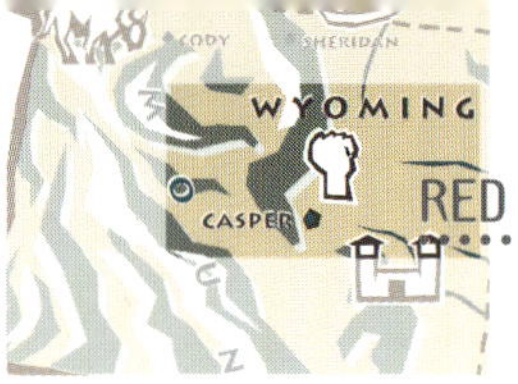

Waffen abgeben und abrücken. Die Indianer wollten lieber sterben. Sie verstärkten die Barrikaden und stimmten Kriegsgesänge an. Richard Wilson, der verhasste Stammesvorsitzende, reagierte hektisch und drohte damit, die Festung von seiner Stammespolizei stürmen zu lassen. Er drohte allen Ernstes, seinen Erzfeind Russell Means zu kastrieren, ihn kahl zu scheren und in Frauenkleidern aus der Reservation zu jagen.

Nach Ablauf der Frist kam es zu erneuten Verhandlungen zwischen Weiß und Rot, die aber schon am nächsten Tag scheiterten. Ein heftiger Schusswechsel entbrannte, und ein Indianer brach verwundet zusammen, als er den Eingeschlossenen zur Hilfe kommen wollte. Die Presse in aller Welt tat ein übriges, um die Atmosphäre anzuheizen, als sie über die Schießereien reißerisch berichtete und mit Schlagzeilen wie „Indianer auf dem Kriegspfad" und „Wilder Westen 1973" aufmachte. Ralph Erickson, der Beauftragte für Indianerfragen im Justizministerium, behielt jedoch die Nerven und versuchte angestrengt, die Auseinandersetzung auf friedliche Weise zu beenden. Aus diesem Grund ließ er Richard Wilson mit seiner Stammespolizei und die anderen Beamten abziehen, was unter dem lauten Jubel der Belagerten geschah. Erickson versprach den Indianern, die Reservationspolitik der zuständigen Stellen zu überprüfen.

Russell Means und Dennis Banks blieben misstrauisch und gaben sich mit dieser Zusage nicht zufrieden. Sie beharrten auf ihrem Katalog von Forderungen, den sie am 27. Februar aufgesetzt hatten. Gleichzeitig erklärten sie das von ihnen besetzte Gebiet zum selbständigen Staat und forderten militärische Hilfe von der UNO an. Indianer in allen Teilen des Landes solidarisierten sich mit den Eingeschlossenen. Die Regierung fasste diese Worte der militanten Führer von AIM als Kriegserklärung auf und verstärkte den Postenring um die Kapelle wieder. Es kam zu mehreren Schießereien und zum heftigsten Schusswechsel der ganzen Aktion am 26. März, in dessen Verlauf der fünfzigjährige US-Marshal Lloyd Grimm schwer verwundet wurde.

Am 5. April hatten die Indianer von AIM endlich Erfolg. Unter dem Druck der reiße-

Stärke. Auch aus der Vergangenheit beziehen die Red-Power-Leute ihre Stärke.

Weitsicht. Die neue Jugend lehnt Gewalt ab und ersehnt sich ein würdiges Dasein.

Politik. Mit Protestaktionen macht Kenneth Cane auf die Probleme seines Volkes aufmerksam.

Washington.
In der Hauptstadt des Weißen Mannes sind die Indianer immer noch ein Randthema.

risch aufgemachten Presseberichte in aller Welt erklärte sich die amerikanische Regierung dann bereit, alle Forderungen zu erfüllen. Russell C. Means und der amerikanische Justizminister Kent Frizell bekräftigten das Abkommen mit einem Händedruck. Doch das Abkommen war nur ein trügerischer Frieden. Die Regierung wollte, dass alle Indianer ihre Waffen abgaben, aber die waren erst dazu bereit, wenn die versprochenen Verhandlungen mit Vertretern des Weißen Hauses stattgefunden hatten. „Der jüngste Vertrag zwischen Indianern und Weißen wurde schon nach 72 Stunden gebrochen!", wütete Russell Means, und die Lage verschärfte sich wieder. Die Regierung verstärkte ihren Ring von US-Marshals und FBI-Beamten, und die Indianer bereiteten sich auf eine Schlacht vor. Doch es kam nur zu vereinzelten Scharmützeln und Schießereien, die allerdings einen tragischen Ausgang für die belagerten Indianer hatten.

Am 18. April kreisten drei einmotorige Maschinen über dem Gebiet und warfen Lebensmittel und andere Vorräte für die Indianer ab. Ein Hubschrauber der Regierung stieg auf, um die Flugzeuge zu vertreiben. Er wurde vom Boden aus beschossen, und die Bundesbeamten erwiderten das Feuer mit ihren Maschinenpistolen. Einige Garben durchschlugen das Dach der Kapelle und trafen den Indianer Frank Clearwater am Kopf. Er wurde sofort ins Krankenhaus von Rapid City gebracht, seine Verletzungen waren aber so schwer, dass er wenige Tage später starb. Auch Buddy LaMonte musste sterben. „Wenn mir irgend etwas zustoßen sollte, begrabt mich am Wounded Knee!", hatte er seine Mutter beim Abschied gebeten. Buddy LaMonte war asthmakrank. Als er am 27. April während eines Anfalls aus einem Bunker stürmte, um Luft zu bekommen, wurde er von einigen Marshals kaltblütig erschossen. Damit war die Moral der Indianer endgültig gebrochen. Am 7 .Mai streckten sie enttäuscht die Waffen. Die Regierung zog ihre Beamten ab und versprach noch einmal, alle Punkte des getroffenen Abkommens zu erfüllen. Das Leben auf Pine Ridge ging wieder seinen gewohnten Gang.

„Leider hat sich kaum etwas auf der Reservation geändert", sagt Ken beim Abendessen. Jetzt muss ihm auch Ron zustimmen. „Du weißt sicher, dass wir das Gebäude der Stammesverwaltung besetzt halten! Seit Monaten schon! Unsere Verbündeten von den Grass Roots Oyate, einer Gruppe traditioneller Oglala Lakota, will die Wahl eines neuen Stammesrates durchsetzen! Der Präsident und der Schatzmeister haben stammeseigene Gelder veruntreut. Das gilt als erwiesen, aber die Regierung in Washington und die überregionalen Zeitungen interessiert das wenig! Wir sehen es auch als unsere Aufgabe an, die Leute über diese Vorgänge zu informieren!" Diesmal stimmt Ron Hawks ihm zu. „Auf Pine Ridge gibt es eine Zwei-Klassen-Gesellschaft: die einen, die Zeit ihres Lebens auf der Reservation leben, und die anderen, die bei den Weißen studieren und zurückkehren und ihre eigenen Stammesbrüder hintergehen. Wir nennen diese Betrüger Äpfel – „außen rot und innen weiß."

Erst in Deutschland erfahre ich, dass die Belagerung diesmal friedlich ausging. Bei Neuwahlen auf der Pine Ridge Reservation wurde fast der gesamte Stammesrat ausgewechselt, und das Leben dort geht wieder seinen gewohnten Gang. John Yellow Bird Steele, der neue Präsident der Oglala Lakota, wird von allen Parteien geachtet. Wie wenig er gegen die Armut in dieser „Dritten Welt" ausrichten kann, erfahren wir einige Tage später, als wir mit Ron Hawks auf die Reservation fahren und in Manderson seine Verwandten besuchen. Kenneth Cane und seine „Canku Luta" kennt dort kaum jemand. „Wir brauchen keinen Mann, der sich auf unsere Kosten profilieren will", sagt Jennifer Yankton, die Schwester von Ron Hawks, „von Politik will ich nichts wissen! Red Power hat uns nichts gebracht! Ich bin schon froh, wenn ich zu essen für meine Kinder habe ..."

Morgen.
Ron Hawks und Koda, sein Mischlings-Hund, sind gute Freunde.

sheridan

DIE ROLLENDEN TIPIS KOMMEN!

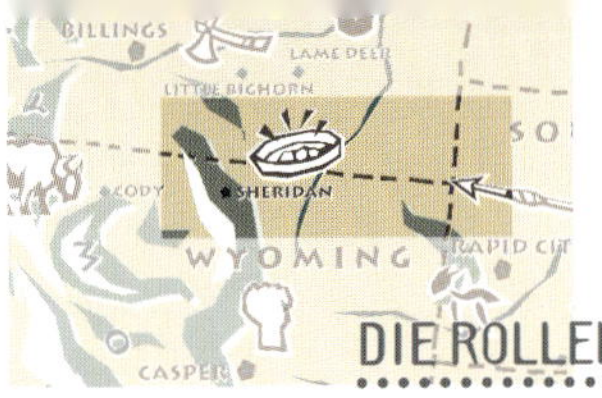

Anführer. Red Cloud gehörte zu den besten Strategen der Lakota.

Vor den Baracken von Fort Phil Kearny und auf einem Schlachtfeld im nördlichen Wyoming denkt Ron Hawks an Red Cloud, den mächtigen Häuptling der Lakota, der die weißen Eindringlinge vom Bozeman Trail vertrieb.

Ron Hawks tritt so unvermittelt auf die Bremse, dass mich nur der Sicherheitsgurt davor bewahrt, gegen die Windschutzscheibe zu fliegen. Koda wird gegen den Vordersitz geschleudert und jault erbärmlich. Ich blicke erstaunt nach vorn, sehe den verlassenen Interstate und das menschenleere Land und will gerade zu einer Frage ansetzen, als Ron sagt: „Ein Adler!" Er stößt ungefähr hundert Meter mit dem Wagen zurück, obwohl das auf der Schnellstraße streng verboten ist, steigt aus und beugt sich über den toten Vogel am Wegesrand. Doch nur eine Eule, aber es hätte ja ein Adler sein können. Adler stehen unter Naturschutz, und auch Indianern ist es untersagt, das seltene Wappentier der USA zu jagen. „Ich hole meine Federn aus toten Vögeln", sagt Ron, der es ablehnt, eine Haube aus anderen Federn zu tragen. Das hätten Sitting Bull und Crazy Horse auch nicht getan. Der Adler war ein heiliges Tier und stand für den Freiheitsdrang aller Kreaturen. „Ich habe junge Indianer gesehen, die ihre federgeschmückte Lanze auf den Boden legten", sagt Ron. „Ich würde so etwas nie tun. Adlerfedern dürfen nicht im Schmutz liegen!"

Wir haben Buffalo passiert und fahren über den Interstate 90 nach Nordwesten. Im Westen leuchten die bewaldeten Hänge der Bighorn Mountains im schwachen Sonnenlicht, im Osten erstreckt sich die hügelige Prärie bis zum Horizont. Das Powder River Country. Die bevorzugten Jagdgründe der Lakota um die Mitte des neunzehnten Jahrhunderts. Zwischen Powder River und Tongue River wimmelte es von Büffeln, Antilopen und anderem Wild, und in den grünen Tälern und an den Flussufern erhoben sich die kegelförmigen Zelte der Oglala Lakota, die damals von Man-Afraid-Of-His-Horses und Red Cloud geführt wurden. Crazy Horse, einer der Helden der Schlacht am Little Bighorn, war Mitte der sechziger Jahre noch keine zwanzig Jahre alt.

Wieder parken wir am Straßenrand, diesmal auf einem Rastplatz, und auch nur, um auf den nächsten Hügelkamm zu steigen und über die endlose Prärie zu blicken. Ohne den Motorenlärm und den Asphalt fühlen wir uns in eine vergangene Zeit versetzt. Wir sind allein mit der Natur, dem böigen Wind, dem braunen Büffelgras, dem duftenden Salbei. Das Gras bewegt sich, wird abwechselnd hell und dunkel, und in dem leisen Rauschen glaubt Ron die Stimme von Wakan tanka und den Geistern zu hören, die von jenen Monden erzählen, als die Krieger der Oglala Lakota über diese Hügel ritten und den Büffeln folgten, die in großen Herden durch ihre Jagdgründe zogen. Er spürt das Zittern der Erde, so wie es damals war, wenn sich eine große Herde näherte, und hört das Stampfen von vielen tausend Hufen. Als er die Augen schließt, sieht er ein endloses Meer von braunen Leibern. Staub wirbelt auf und legt sich wie ein Schleier vor die Sonne. „Tatanka", flüstert er. Das Lakota-Wort für Büffel. „Diese Zeit wird niemals wiederkommen. Tatanka hat uns verlassen."

Die Vertreibung der Lakota und der Cheyenne aus ihren angestammten Jagdgründen begann im Winter 1865, als immer mehr Weiße über den neuen Bozeman Trail von Fort Laramie zu den Goldfeldern

Camp.
Wie vor 150 Jahren stehen die Tipis auf einer Lichtung in den Black Hills.

in Montana zogen. Virginia City, die pulsierende Boomtown, lockte Unternehmer, Schatzsucher, Abenteurer und leichte Mädchen nach Norden. Wagenzüge mit neuen Siedlern und schwer beladene Versorgungstrecks bewegten sich durch die Jagdgründe der Lakota. Die Gier nach dem gelben Metall war größer als ihre Angst vor den Indianern. Die Bundesregierung hatte sich mit der Kirche und humanitären Gruppen verbündet und propagierte eine friedliche und unblutige Lösung des Indianerproblems. Wären die Politiker vor Ort gewesen, hätten sie erkennen müssen, wie naiv ihre Denkweise war. Der Bozeman Trail führte durch das Powder River Country, das den Indianern in einem Vertrag zugesichert war. Stattdessen beauftragten sie E. B. Taylor vom Indianerbüro nach Fort Laramie, um einen Vertrag mit den Sioux auszuhandeln. Man befand sich in dem irrwitzigen Glauben, ein Häuptling wie Man-Afraid-Of-His-Horse würde die Augen vor den Wagenzügen auf dem Bozeman Trail verschließen und das neue Papier willig unterschreiben.

Die bittere Wahrheit war, dass der Gesandte des Indianerbüros bereits im Fort Laramie ausgelacht und von den Offizieren nachdrücklich gebeten wurde, diese Torheit zu unterlassen und sich nicht in unnötige Gefahr zu bringen. E. B. Taylor ließ sich nicht entmutigen. Er bestand auf seinen Befehlen und lud die Häuptlinge der Lakota zu einem Palaver ein. Einige Häuptlinge unterschrieben sogar, aber sie hatten keinen besonderen Einfluss auf die Krieger und ließen sich durch die Geschenke blenden, die Taylor aus Washington mitgebracht hatte. Jetzt erschienen auch Red Cloud und Man-Afraid-Of-His-Horse in Fort Laramie. Sie ließen sich den Vertragsentwurf übersetzen und sprangen entrüstet auf, als sie hörten, dass den Weißen gestattet werden sollte, über den Bozeman Trail nach Norden zu ziehen.

„Kein weißer Mann zieht ungestraft über den Weg, den ihr Bozeman Trail nennt!", tobte Red Cloud. Er weigerte sich, das Papier zu unterschreiben und schwor, auch weiterhin jeden Weißen anzugreifen, der in das vertraglich zugesicherte Gebiet ritt. Mitten in diese Auseinandersetzungen platzte die Kunde von Colonel Henry B. Carrington, der mit einer großen Einheit den North Platte heraufkam, um neue Forts am Bozeman Trail zu errichten. Ein schla-

Jagdgründe. Die Black Hills und ihre Jagdgründe am Powder River waren den Lakota heilig.

gender Beweis für die fehlende Abstimmung zwischen Regierung und Armee und das unsensible Vorgehen der Militärführung, die wohl nicht im Ernst geglaubt haben konnte, dass die Indianer tatenlos zusehen würden, wie neue Soldatenforts in ihrem Jagdgebiet errichtet wurden. Red Cloud und Man-Afraid-Of-His-Horse wiederholten ihre Drohung, jeden Weißen auf dem Bozeman Trail anzugreifen, und zogen wütend davon. Seltsam nur, dass die Regierung ihrem Abgesandten glaubte, der öffentlich behauptete, die Verhandlungen seien zufriedenstellend verlaufen, und es haben alle wichtigen Häuptlinge unterschrieben.

Red Cloud und Man-Afraid-Of-His-Horse hatten ihr Kreuz nicht unter den Vertragstext gemalt und sogar mit einem blutigen Krieg gedroht! Aber vielleicht wollte man so einen Krieg provozieren und nahm den Tod gutgläubiger Siedler in Kauf, die sich auf den Bozeman Trail wagten?

„In den Westernfilmen sieht immer alles so einfach aus", sagt Ron Hawks. „Entweder sind die Weißen die Guten, und die bösen Indianer greifen friedliebende Siedler an. Oder die Indianer sind die Guten, und die bösen Siedler dringen in ihr Land ein. In Wirklichkeit war alles viel komplizierter. Hinter den Entscheidungen der Armee standen politische und kommerzielle Interessen wie der Bau der transkontinentalen Eisenbahn." Tatsächlich ging der Bau der Union Pacific während des sogenannten „Red-Cloud-Krieges" in die letzte Phase, und die mächtige Gesellschaft war natürlich daran interessiert, den Bau des letzten Teilstücks nicht zu gefährden. Mit der transkontinentalen Eisenbahn hatten auch zahlreiche Politiker ihr Schicksal verbunden. Die Union Pacific musste gebaut werden, koste es, was es wolle, sonst war die Ausbreitung der USA nach dem Westen in Gefahr!

Im Sommer 1866 tauchte Carrington mit seinen Infanteristen im Powder River Country auf. Er lebte in dem Irrglauben, die Indianer würden sein Eindringen still schweigend dulden und beruhigte sogar den Anführer eines Wagenzuges, er habe nichts von den Lakota zu befürchten. Am 13. Juli erreichte er den Piney Fork, wo er mit dem Bau von Fort Phil Kearney begann. Bereits einen Tag später tauchten einige Krieger der Cheyenne auf. Sie nahmen Geschenke an und warnten Carrington vor Red Cloud, der mit ungefähr fünf-

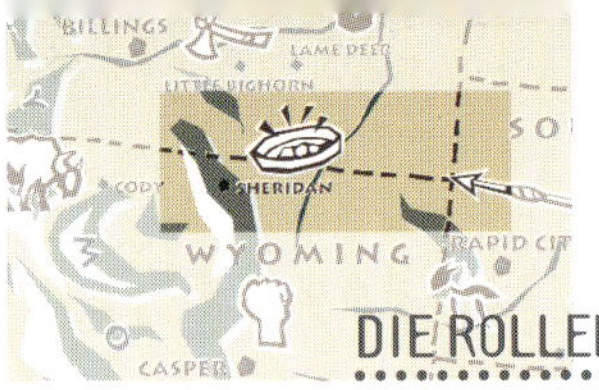

Black Hills. Die Schwarzen Berge sind der Mittelpunkt der Erde.

Weite Ebenen. Bis zum Horizont erstreckt sich die zerklüftete Prärie.

Rollende Hügel. Wie die Wellen eines Meeres erscheinen die weiten Ebenen.

hundert Kriegern am Powder River lagerte und darauf bestand, dass die Soldaten nach Süden zurückkehrten. Die Lakota reagierten wütend, als sie vom Besuch der Cheyenne im Soldatenfort hörten. Sie spürten die Häuptlinge im Camp des französischen Händlers Pierre Gasseau auf und beschimpften und demütigten sie. Die Cheyenne warnten ihren weißen Freund, sich vor den aufgebrachten Kriegern in Sicherheit zu bringen, aber „French Pete" erinnerte sie daran, dass er mit einer Lakota-Frau verheiratet war und nichts zu befürchten habe. Nachdem die Cheyenne verschwunden waren, kehrten die Lakota zurück und töteten den Händler. Seine Frau und seine Kinder flohen in die Büsche und wurden einige Tage später von Carringtons Soldaten aufgegriffen und ins nächste Fort gebracht.

„Hier muss es gewesen sein", sagt Ron, als wir den Interstate verlassen und über den Highway 87 weiterfahren, „hier haben sie den Händler getötet." Die schmale Landstraße folgt dem historischen Bozeman Trail nach Norden und zu den kaum sichtbaren Fundamenten von Fort Phil Kearny. Seit dem Jahr 1963 stehen sie unter Denkmalschutz. Von dem drei Meter hohen Palisadenzaun und den Blockhäusern ist kaum noch etwas zu sehen. Wir steigen aus und besichtigen die Fundamente, stapfen durch den harschen Schnee und zittern in der untergehenden Sonne. Ähnlich winterlich muss das Wetter am 21. Dezember 1866 gewesen sein, als die US-Armee eine ihrer schwersten Niederlagen gegen die Indianer erlitt. Auch das Schlachtfeld steht unter Denkmalschutz, wird durch einen mächtigen Steinklotz markiert.

Die vereinigten Krieger der Lakota, Cheyenne und Arapaho müssen sehr aufgebracht gewesen sein, als sie die Einheit aus Fort Phil Kearny überfielen. Noch während des Sommers hatte Colonel Carrington ein zweites Fort am Bozeman Trail errichten lassen. Fort C. F. Smith stand am Bighorn River. Der Kommandeur ließ sich auch durch die wütenden Angriffe der Indianer nicht verwirren, die jeden Wagenzug auf dem Bozeman Trail und jede Armee-Einheit angriffen und nicht eher ruhen würden, bis die Weißen das Powder River Country verlassen hatten. Die Krieger wagten sich bis an die Forts heran und stahlen den Soldaten ihre Pferde vor der Nase weg. Und dennoch berichtete Colonel Carrington am 29. August, er sehe keinen Anlass, die Wagenzüge über den Bozeman Trail aufzuhalten. Die Indianer seien zwar aggressiv, aber jeder Treck würde Montana sicher erreichen, wenn man die üblichen Vorsichtsmaßnahmen träfe. Im selben Report musste er einräumen, dass während der vergangenen fünf Wochen 33 Weiße getötet worden waren.

Henry B. Carrington war kein Indianerkämpfer und hätte wohl eher in eine Schreibstube an der Ostküste gepasst. Bis heute bleibt unverständlich, warum er seine Augen vor der drohenden Indianergefahr verschloss. Die einzige Verstärkung, die er anforderte, bestand aus vier Kompanien Infanterie und zwei Kompanien Kavallerie. Viel zu wenig, um die drohende Übermacht der Indianer in Schach zu halten. Selbst als einige wagemutige Krieger ihm die Maultierherde stahlen, reagierte er nicht. Er kümmerte sich lieber um die Disziplin im Fort und ließ einen Befehl veröffentlichen, der es den Soldaten verbot, den Rasen innerhalb der Palisaden zu betreten. „Die Militärführung wollte einen schwachen Mann", behauptet Ron, als wir vor dem Denkmal aus dem Wagen steigen, „sie nahmen eine Niederlage im Powder River Country in Kauf, um den Bau der Union Pacific nicht zu gefährden." Eine kühne Behauptung, die von zahlreichen Historikern geteilt wird. Die Regierung hoffte, dass die Indianer in dem Glauben, den Krieg gewonnen zu haben, einen Friedensvertrag unterschreiben würden, und hielt an Carrington in dem Glauben fest, ihn und seine Soldaten für eine gerechte Sache zu opfern. Man ahnte aber nicht, wie groß dieses Opfer sein würde.

Die Indianer schlugen nach der herbstlichen Büffeljagd zu. Red Cloud und Man-Afraid-Of-His-Horse hatten beschlossen, Fort C. F. Smith und Fort Phil Kearny zu überfallen oder den Soldaten zumindest eine empfindliche Niederlage beizubringen. Am 20. Dezember lagerten die Oglala mit den Miniconjou und einigen Cheyenne an der Mündung des Prairie Dog Creek. Sie zogen in das Tal, in das sie die Soldaten locken wollten, und befragten einen Medizinmann, der ihnen versicherte, viele weiße Männer würden sterben.

Bis heute ist nicht geklärt, wer den Plan für die Schlacht ersann. Wahrschein-

Hinterhalt.
Wenige Meilen von Fort Phil Kearny entfernt lockte Red Cloud die Soldaten in einen Hinterhalt.

Bozeman Trail.
Die Lakota zwangen die Soldaten, ihre Forts zu verlassen.

lich Red Cloud, der damals die kriegerischen Oglala anführte. Die Indianer postierten sich auf einem Hügelkamm, der Lodge Trail Ridge genannt wurde, die Oglala, Cheyenne und Arapaho im Südwesten und die Miniconjou im Nordosten. Ein großer Trupp sollte die Holzfäller angreifen, die jeden Tag mit ihren Wagen kamen, um Stämme für die Blockhäuser zu schlagen, ein kleiner Trupp mutiger Krieger sollte die Soldaten, die zu Hilfe eilen würden, in die Falle locken.

Ein simpler Plan, der tatsächlich aufging. Kaum hatten die Holzfäller einen Boten um Hilfe geschickt, rückte Captain William J. Fetterman mit hundert Kavalleristen aus, die Indianer zu bekämpfen. Sie folgten Crazy Horse und seinen Kriegern, die als Lockvögel losgeschickt worden waren, zur Lodge Trail Ridge, wo sie von einer Übermacht kampferprobter Krieger erwartet wurden. Die Schlacht dauerte keine halbe Stunde. 81 Soldaten wurden getötet. Captain Ten Eyck, der eine Stunde später auf dem Schlachtfeld erschien, fand Fetterman und 65 andere tote Soldaten auf einer Fläche, die kaum größer als zehn Quadratmeter war. Heute markiert das steinerne Denkmal diese Stelle. Wir stehen lange auf jenem Hügel und blicken in das Tal hinab, hören noch einmal die triumphierenden Kriegsrufe der angreifenden Indianer und die verzweifelten Todesschreie der Soldaten, die keine Chance gegen sie hatten.

Die Kunde von der vernichtenden Niederlage verbreitete sich wie ein Lauffeuer. Colonel Carrington wurde sofort von seinem Posten enthoben, und nur ein strenger Winter hinderte die Armee an einem Rachefeldzug. Die Gelegenheit, es den Indianern heimzuzahlen, kam am 2. August 1867, als 32 Soldaten und Zivilisten von Red Cloud und seinen Oglala überfallen wurden. Aber die Soldaten hatten inzwischen moderne Hinterladergewehre erhalten. Sie verschanzten sich hinter Planwagen, denen man die Räder abmontiert hatte, und brachten den ungefähr zweitausend Kriegern eine empfindliche Niederlage bei. Über zweihundert Sioux wurden getötet, nur sechs Soldaten fielen.

Und dennoch endete der „Red Cloud War" mit einem Sieg der Indianer. Am 29. Juli 1868 wurde Fort C. F. Smith geräumt, kurze Zeit später folgten Fort Reno und Fort Phil Kearny. Triumphierend brannten die Indianer die Militärstützpunkte nieder. Damit war Red Cloud einer der wenigen Indianerhäuptlinge, der einen Krieg gegen die Weißen erfolgreich beendete. Am 6. November 1868 unterschrieb er einen neuen Friedensvertrag in Fort Laramie, der ihm das Recht auf Heimat zusicherte, solange Gras wächst und Wasser fließt. Es ist wohl seiner Weitsicht zu verdanken, dass er zu den ersten Anführern gehörte, die auf eine Reservation und den Weg des Weißen Mannes gingen. Er sah schon damals, dass es keinen Zweck hatte, sich dauerhaft gegen die Weißen zu wehren. Bei einem Besuch in Washington, 1870, hielt er eine bemerkenswerte Rede: „Der Große Geist hat uns alle erschaffen. Er hat mir Land gegeben, und er hat euch Land gegeben. Ihr seid zu uns gekommen, und wir haben euch wie Brüder empfangen. Als der Allmächtige euch erschuf, gab er euch eine weiße Hautfarbe und zog euch an. Als er uns erschuf, gab er uns eine rote Hautfarbe und machte uns arm. Als ihr zu uns kamt, wart ihr wenige, und wir waren viele. Nun seid ihr viele, und wir sind wenige. Ihr wisst nicht, wer vor euch getreten ist, um zu euch zu sprechen. Er repräsentiert die originale amerikanische Rasse, die ersten Menschen auf diesem Kontinent. Wir sind gut und nicht schlecht. Die Berichte, die ihr über uns bekommt, sind alle einseitig. Wir sind euch nur als Diebe und Mörder bekannt. Aber das sind wir nicht. Wenn wir mehr Land für euch übrig hätten, würden wir es euch geben, aber wir haben keines mehr. Wir wurden auf eine kleine Insel getrieben. Wir wollen, dass ihr uns helft! Der Große Geist hat uns arm und unwissend gemacht. Euch hat er reich und weise gemacht. Ihr könnt mit Dingen umgehen, von denen wir nichts verstehen. Der Vater hat entschieden, dass ihr zahmes Wild und wir das Wild aus den Wäldern essen. Fragt alle, die nach Kalifornien gezogen sind. Sie werden euch erzählen, dass wir sie gut behandelt haben. Ihr habt Kinder. Wir haben auch Kinder, und wir behandeln sie gut. Wir bitten euch, uns zu helfen..."

Rede.
In Washington hielt Red Cloud eine bemerkenswerte Rede.

Gedenktafel.
Eine Bronzetafel erinnert an den Fetterman Fight.

cody

THE SHOW MUST GO ON!

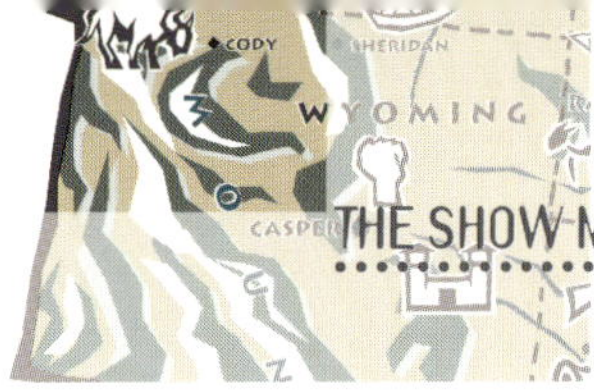

Freunde. Im späten 19. Jahrhundert wurden Sitting Bull und Buffalo Bill zu Freunden.

Im Buffalo Bill Historical Center trifft Ron Hawks eine junge Pawnee-Indianerin, die keinen Groll mehr gegen ihre einstigen Feinde hegt und daran mitarbeitet, die Kultur der Indianer in einem Museum darzustellen.

Cody liegt inmitten einer atemberaubenden Landschaft. Selbst wer die Wunder des Yellowstone National Parks gesehen hat, die dampfenden Geysire, die versteinerten Quellen der Mammoth Hot Springs und den Grand Canyon of the Yellowstone, verbeugt sich vor der anmutigen Schönheit der Berge, die westlich von Cody in den Himmel ragen. Schneebedeckte Gipfel und rostbraune Hügel bilden kontrastreiche Flecken in einem grünen Meer. Im Schatten der Felsen haben sich Inseln aus feinem Pulverschnee gebildet.

Auf einer Rundfahrt über den Highway 120 fahren wir am Heart Mountain vorbei auf den Chief Joseph Scenic Byway, eine der schönsten Straßen im Yellowstone Country. Sie wurde nach einem Häuptling der Nez-Percé-Indianer benannt, der im

Museum.
Ron Hawks besucht das Indianermuseum im Buffalo Bill Historical Center.

Herbst 1877 in einem beispielhaften Marsch vor den Soldaten floh, einer Übermacht von Soldaten immer wieder entkam und erst in den Bearpaw Mountains, ungefähr fünfzig Kilometer vor der kanadischen Grenze, aufgeben musste. Die Worte seiner Kapitulation kommen uns in den Sinn, eine der berühmtesten Reden eines Indianers: „Ich bin des Kämpfens müde. Unsere Häuptlinge sind gefallen. Looking Glass ist tot. Toohoolhoolzote ist tot. Alle alten Männer sind tot. Es sind die jungen Männer, die ja oder nein sagen. Der Anführer der jungen Männer ist tot. Es ist kalt, und wir haben keine Decken. Die kleinen Kinder erfrieren. Einige meiner Leute sind in die Berge geflohen und haben keine Decken und nichts zu essen. Niemand weiß, wo sie sind. Vielleicht erfrieren sie. Ich möchte Zeit, um meine Kinder zu suchen und zu sehen, wie viele von ihnen ich finden kann. Vielleicht finde ich sie unter den Toten. Hört mich an, meine Häuptlinge! Ich bin müde. Mein Herz ist krank und traurig. Von dort, wo die Sonne steht, werde ich niemals mehr kämpfen..."

Ron Hawks wird ernst, als er an die verzweifelte Flucht der Nez Percé denkt. Der Stamm aus dem amerikanischen Nordwesten galt als besonders friedliebend und rühmte sich seiner guten Beziehungen zu den Weißen, Missionaren und Siedlern, bis die Regierung entschied, ihnen das fruchtbare Wallowa Valley abzunehmen und sie in eine Reservation nach Lawai umzusiedeln. „Die Erde wurde ohne Grenzen erschaffen, und es steht den weißen nicht zu, sie zu teilen", antwortete Joseph den weißen Unterhändlern. „Sagt uns, wenn ihr das behaupten könnt, dass ihr vom Schöpfer gesandt seid, mit uns zu reden. Vielleicht glaubt ihr, der Schöpfer habe euch hierher gesandt, und ihr könntet mit uns umgehen, wie ihr wollt. Wenn das so ist, könnt ihr mich vielleicht davon überzeugen, dass ihr das Recht dazu habt. Missversteht mich nicht und habt Verständnis für mich und meine Liebe zu diesem Land. Ich habe nie gesagt, dass ich mit diesem Land tun kann, was mir beliebt. Nur der, der es erschuf, hat das Recht, darüber zu verfügen. Ich beanspruche das Recht, in meinem Land zu leben, so wie ich euch das Recht zugestehe, in dem euren zu leben." Die Weißen hörten nicht auf den Häuptling. Nachdem sie den verzweifelten

Legende.
Schon zu Lebzeiten wurde Buffalo Bill in Groschenheften zur Legende verklärt.

Exodus der Nez Percé niedergeschlagen hatten, brachten sie ihn ins Indianerterritorium (das spätere Oklahoma) und in eine Reservation in Washington fernab der Heimat. Er starb im Jahr 1904 „an gebrochenem Herzen".

Der Highway, der den Namen dieses legendären Häuptlings trägt, führt zu dem Dead Indian Hill hinauf. Von dort hat man eine atemberaubende Aussicht auf das Sunlight Basin, die North Absoraka Wilderness, den Clarks Fork Canyon und das Beartooth Plateau, eine beeindruckende Wildnis mit weiten Tälern und schroffen Canyons. Über die Sunlight Creek Bridge, die höchste Brücke in Wyoming, geht es zum Clarkis Fork hinunter. Die Cathedral Cliffs ragen wie eine Kathedrale aus dem Boden. Die vierhundert Meter tiefe Schlucht gähnt wie ein geheimnisvoller Abgrund zwischen dem Beartooth Plateau und den Absaroka Mountains.

Westlich von Cooke City, einer ehemaligen Goldgräberstadt, wartet auf uns der Yellowstone National Park. Wir haben die Naturwunder schon viele Male gesehen und waren so begeistert, dass wir auch jetzt versucht sind, weiter nach Westen zu fahren. Doch der Schnee macht uns einen Strich durch die Rechnung. Wir gönnen uns eine Kaffeepause und kommen mit einem Ranger ins Gespräch, der mit Doug Smith und anderen Wissenschaftlern daran arbeitet, den grauen Wolf in seiner angestammten Heimat in dem Yellowstone National Park anzusiedeln. Um das Jahr 1930 hatten die Rancher der Umgebung dafür gesorgt, dass bezahlte Killer den Wölfen nachstellten, um sie davon abzuhalten, ihre Rinder zu reißen. Am 21. März 1995 um 15.45 Uhr kehrten die Wölfe zurück. Ein neues Regierungsprogramm schreibt vor, die Wölfe, viele Jahrhunderte lang ein wichtiger Faktor im Ökosystem der Yellowstone Wildernis, in den Wäldern des Parks auszusetzen.

John Colter, ein Forscher und Pelztierjäger, der sich im Jahr 1806 von der Lewis-und-Clark-Expedition abgesetzt hatte, bekam den Yellowstone als erster Weißer zu Gesicht. Er berichtete von heißen Quellen, die aus dem Boden schossen, von Bisonherden, Bären und Wölfen, und pries das Land als eines der großen Paradiese im amerikanischen Westen. Auch die Leute im Osten wussten, wie gern Trapper übertrieben, und die ersten Touristen, die sich an den Yellowstone vorwagten, waren überrascht, wie viel der Wahrheit entsprach. Yellowstone ist ein Paradies. Eine majestätische Wildnis mit Bergen, Flüssen und Seen und über dreihundert Geysiren. Kaltes Wasser sinkt in fast zwei Kilometer tiefe Hitzekammern hinab, wird dort aufgeheizt und wird durch schmale Kanäle als Dampf oder Wasser an die Oberfläche gepresst. Am bekanntesten wurde „Old Faithful", der „Verlässliche", weil seine Fontäne beinahe alle siebzig Minuten aus dem Boden schießt, so das man beinahe die Uhr danach stellen kann.

Die Idee, dieses Gebiet in einen Nationalpark zu verwandeln, hatten die Mitglieder der Washburn-Langford-Doane-Expedition, die bereits 1870 am Yellowstone forschte und auch dem „Old Faithful" seinen Namen gab. Zu der Gruppe gehörte N. P. („National Park") Langford, der erste Superintendent des Parks. „1872 wurde Yellowstone zum ersten Nationalpark der USA erklärt", berichtet der Ranger, „und wir haben inzwischen so viele Besucher, dass schon öfter daran gedacht wurde, den Park kurzzeitig zu schließen. Auf den Straßen staut sich der Verkehr. Die Leute sollten ihre Autos lieber abstellen und im Hinterland wandern."

Wir fahren über den Highway 212, den Beartooth Highway, nach Cody zurück. Die Straße wurde im amerikanischen Fernsehen als „schönste Scenic Route der USA" gepriesen. Die Aussicht ist gigantisch, besonders vom Clay Butte Fire Lookout, den man über eine schmale Schotterstraße erreicht. Schroffe Gipfel, grüne Täler, einsame Seen, die man sonst nicht zu Gesicht

Bisonherde. Im Yellowstone Park bewegen sich die Büffel auf freier Wildbahn.

bekommen würde. Im Sommer sind die Wiesen mit Wildblumen übersät.

Vorbei am Beartooth Butte, einer gewaltigen Felsformation, die in allen Brauntönen schimmert, geht es zum Beartooth Pass hinauf. Der Rock Creek Canyon öffnet seinen dunklen Schlund. Durch Red Lodge und Belfry, zwei historische Minenstädte, fahren wir nach Cody. Die Stadt wurde nach William F. „Buffalo Bill" Cody benannt, dem legendären Westmann, und beheimatet das Buffalo Bill Historical Center mit dem interessanten Plains Indian Museum. Dort sind wir mit der Pawnee-Indianerin und Museumsleiterin Emma Hansen verabredet.

Buffalo Bill, der Gründer von Cody, ist allgegenwärtig in der kleinen Stadt. Überall wird mit seinem Foto geworben. Im historischen Irma Hotel, das der Westmann am 1. November 1902 eröffnete und nach seiner Tochter benannte, sieht es fast so aus wie vor hundert Jahren, und im angrenzenden Restaurant bildet die lange Bar aus Kirschenholz, ein Geschenk der Königin von England, immer noch den Blickfang. Ron Hawks ist auf den Westmann schlecht zu sprechen, wie die meisten Indianer, die ihm nie verziehen, dass er maßgeblich an der Ausrottung der Büffel beteiligt war (in acht Monaten wollte er mehr als 4000 Tiere abgeschossen haben).

William Frederick Cody wurde am 26. Februar 1846 in einer Blockhütte zwei Meilen westlich des Mississippi River im Iowa-Territorium geboren. Bereits als Elfjähriger ritt er für ein Frachtunternehmen. Während des Bürgerkriegs kämpfte er mit der Seventh Kansas Cavalry gegen die Südstaaten. Er arbeitete für den Pony Express, als Fallensteller, Pferdefänger und Kutscher und zog mit der US-Armee als Jäger und

Yellowstone. Üppige Natur im Yellowstone National Park: Heiße Geysire und der tiefe Yellowstone Canyon.

Kultur.
Im Olains Indian Museum wird die Kultur der Prärie-Indianer dokumentiert.

Kundschafter ins Indianerland. Als erster Unternehmer, der die Zeit des Wilden Westens tatsächlich erlebt hatte, war er ganz maßgeblich an der Glorifizierung des amerikanischen Westens um die Jahrhundertwende beteiligt, die sich bis heute in Filmen und Büchern niederschlägt. Mit seiner 1883 gegründeten Wild West Show, einem aufwändig inszenierten Wild-West-Theater mit Cowboys und Indianern, war er dreißig Jahre unterwegs. Auch vor den gekrönten Häuptern in Europa trat er auf. Er starb im Jahr 1917 in Denver und ist auf dem nahen Lookout Mountain begraben.

Sein Jagdrock, seine Waffen und zahlreiche andere Gegenstände aus seinem Leben liegen im Buffalo Bill Museum des Buffalo Historical Center. Beinahe lückenlos ist seine Karriere dort in seltenen historischen Fotos und Bildern dokumentiert. In der angrenzenden Whitney Gallery of Western Art hängen einige der bedeutendsten Gemälde über den Westen.Das angrenzende Plains Indian Museum, das seit dem Jahr 1976 zu dem Komplex gehört und uns am meisten interessiert, wurde im Jahr 2000 vollkommen neu gestaltet.Aus der leblosen Sammlung wurde ein lebendiges Museum, in dem nicht nur Gegenstände ausgestellt sind. „Jetzt atmet das Museum", sagt Joe Medicine Crow, einer der Berater.

Vor der lebensgroßen Figur einer Cheyenne-Indianerin, die ihr Tipi abgebaut hat und mit dem Stamm auf der Wanderschaft ist, treffen wir Emma Hansen, trotz ihres Namens eine echte Pawnee-Indianerin und die Museumsleiterin. Ron begrüßt die Angehörige des einst verfeindeten Stammes herzlich und meint: „Ich bin nicht auf dem Kriegspfad!"

Emma arbeitet erst seit einigen Jahren im Plains Indian Museum. Sie stammt aus Oklahoma, studierte Anthropologie und Soziologie an der dortigen Universität und arbeitete in einem naturhistorischen Museum, bevor ihr die Stelle in Cody angeboten wurde. „Wir haben das Plains Indian Museum vollkommen neu gestaltet", berichtet sie, „fünf Jahre haben allein die Vorbereitungen gedauert. In einem Museum genügt es nicht mehr, einen Gegenstand auszustellen. Man muss ein Kleidungsstück oder ein Werkzeug in den kulturellen und historischen Zusammenhang bringen. Dafür stand uns ein Beraterteam aus Indianern, Historikern, Lehrern und anderen Fachleuten zur Seite." Sie zitiert aus einem Statement dieses Stabes: „Wir wollen das Wissen über die Kultur der nordamerikanischen Indianer fördern, ihre Geschichte, Kunst und Tradition. Um dieses Ziel zu erreichen, werden für das Plains Indian Museum historische Gegenstände gekauft, erhalten, ausgestellt und interpretiert." Das letzte Wort ist ihr besonders wichtig. Alle Schaubilder und Gegenstände werden sehr übersichtlich präsentiert und sind deutlich beschildert, die Stimmen echter Indianer erklären Zeremonien und Zusammenhänge. „Das Bild, das die meisten naturhistorischen Museen von den Indianern geben, ist eindimensional. Wir schaffen eine Verbindung zur Gegenwart. Das Plains Indian Museum soll zeigen: Den Indianern geht es gut, sie sind am Leben. Wir wollen ihre Kultur erhalten. Deshalb stellen bei uns auch lebende Indianerkünstler ihre Werke aus."

Emma führt uns durch das neue Museum. „The People of the Plains" stellt die Stämme der Hochprärie vor, ihre Umgebung, Tradition, Geschichte und Sprache. Interaktive Computer und übersichtliche Schaubilder helfen bei der Orientierung. „Wisdom of the Elders" ist das audiovisuelle Programm in einer Erdhütte der Hidatsa betitelt, hier wird man über die spirituellen Erfahrungen der Indianer und ihre Mythen informiert. „Land of Many Gifts" berichtet von den Geschenken der Mutter Erde an die Indianer. Die Bedeutung des Büffels wird besonders herausgestellt. „Seasons of Life", das Schaubild eines Blackfeet-Dorfes, lebt von zahlreichen Special Effects und erzählt von der Wanderung der Indianer durch die Jahreszeiten. „Honor and Celebration" berichtet von den Zeremonien, „Encounters" von der schicksalhaften Begegnung mit den weißen Siedlern. „Adversity and Renewal" ist dem Überleben und der Zukunft der Indianer gewidmet.

„Eines muss man diesem Buffalo Bill lassen", sagt Ron Hawks, während wir unseren Rundgang durch das neue Museum beenden, „er hat dabei geholfen, dass unsere Kultur bis ins 21. Jahrhundert überlebt hat. Auch wenn er damals sicher nicht daran gedacht hat ..."

News.
Ron Hawks mit der neusten Ausgabe des „Indian Country".

little

bighorn

„EIN GUTER TAG ZUM KÄMPFEN!"

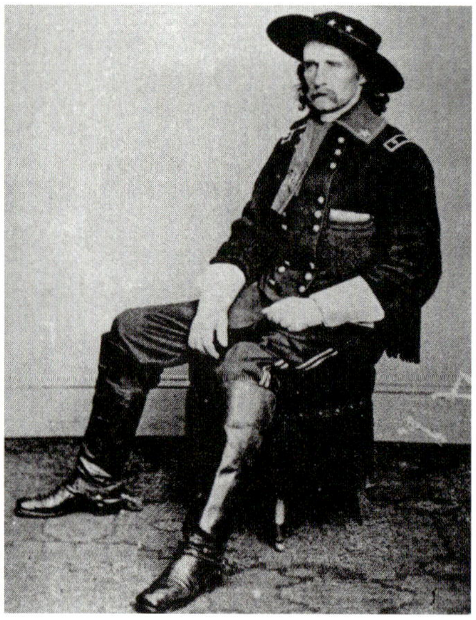

Custer. Lieutenant Colonel George Armstrong Custer wurde zur tragischen Figur.

Auf dem Schlachtfeld am Little Bighorn sieht Ron Hawks die Gräber von George Armstrong Custer und seinen Männern, die beim Sieg der vereinigten Sioux, Cheyenne und Arapaho ihr Leben lassen mussten.

Ein verwaschener Himmel wölbt sich über dem Schlachtfeld am Little Bighorn. Eisiger Wind fegt vom Fluss herauf und streicht über die Gräber der Soldaten, die am Nachmittag des 25. Juni 1876 von Crazy Horse, Sitting Bull und den vereinigten Sioux, Cheyenne und Arapaho niedergemetzelt wurden. Über viertausend Krieger warteten auf Lieutenant Colonel George Armstrong Custer und seine Kompanien und lockten sie in eine tödliche Falle. Aufgeputscht durch den erneuten Vertragsbruch der weißen Goldgräber, die mit Hacke und Schaufel in die heiligen Black Hills der Lakota zogen und die Mutter Erde nach dem gelben Metall durchwühlten und voller Zorn auf „Gelbhaar", der unschuldige Frauen und Kinder am Washita massakriert hatten, stürzten sie sich auf die verhassten Blauröcke. „Dies ist ein guter Tag zum Kämpfen, dies ist ein guter Tag zum Sterben!", soll Crazy Horse gerufen haben, als er auf sein Kriegspony sprang und beobachtete, wie Custer mit offenen Augen in den Tod ritt. Nicht einmal die Warnungen seiner indianischen Scouts, die von einem riesigen Indianerlager gesprochen hatten, konnten ihn davon abhalten, gegen die Indianer zu reiten. „Wenn es sein muss, reite ich allein durch die ganze Sioux-Nation!", tönte er. Wie übermächtig die Indianer waren, erkannte er erst, als die tödliche Woge der angreifenden Krieger seine Soldaten erfasste.

Damals lagen flimmernde Hitzeschleier über dem kniehohen Büffelgras und dem Salbei, und das schulterlange Haar von Pekin Hanska (der indianische Name für Custer) leuchtete wie flüssiges Gold in der Sonne. Die gesamte Streitmacht der vereinigten Sioux, Cheyenne und Arapaho stürzte sich auf den verhassten Offizier, der als General im Bürgerkrieg gedient hatte und davon träumte, als strahlender Held in die amerikanische Geschichte einzugehen. Stattdessen teilt er die Amerikaner noch heute in glühende Befürworter und fanatische Gegner. Die einen feiern ihn als tollkühnen Offizier, der die Indianerkriege fast im Alleingang gewann, die anderen verurteilen ihn als eitlen Emporkömmling, der davon träumte, Präsident zu werden und seinen persönlichen Ruhm über das Wohl seiner Soldaten stellte. Custer wurde zur Legende, und die Schlacht am Little Bighorn geriet in die Mühlen einer tendenziösen Geschichtsbeschreibung, die eine demütigende Niederlage, wie Custer sie am Little Bighorn erlitt, nicht dulden konnte.

„Custer Battlefield" hieß das Schlachtfeld im offiziellen Sprachgebrauch noch bis vor einigen Jahren. Erst als der Protest der Indianer immer lauter wurde, wurde der Name in Little Bighorn Battlefield geändet. Das steht auch auf den Broschüren, die wir von der Rangerin am Eingang überreicht bekommen. „Meine Vorfahren haben hier gekämpft", sagt Ron scheinbar ernst, „muss ich wirklich bezahlen?" Die Rangerin, selbst eine Indianerin, versteht keinen Spaß. „Wir machen keine Unterschiede!" antwortet sie kühl. „Wahrscheinlich eine Crow", meint Ron, als wir vor dem Besucherzentrum parken, „die konnten uns noch nie leiden!" Die Crow waren erbitterte Feinde der Sioux und arrangierten sich mit den Weißen, für die sie als Scouts arbeiteten. Auch für Custer kundschafteten Crow-Krieger. „Die Crows kämpften nicht für die Ehre", lästert Ron,

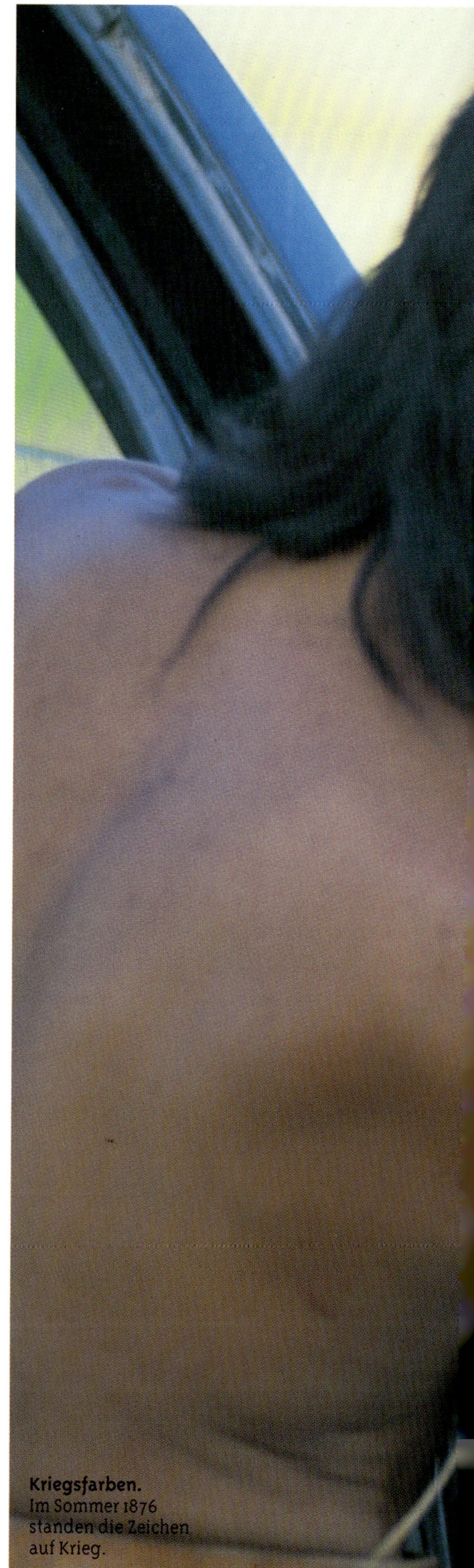

Kriegsfarben. Im Sommer 1876 standen die Zeichen auf Krieg.

little bighorn

„sie zogen für Geld in den Krieg, und es war ihnen egal, auf welcher Seite sie ritten!"

Wir steigen aus dem Wagen und gehen zu dem Hügel, auf dem Custer und seine letzten Getreuen fielen. Der eisige Wind bläst uns ins Gesicht. Wie ein dunkler Schatten ragt das Monument für die gefallenen Soldaten aus dem winterlichen Nebel. Ein Denkmal für die Indianer gibt es nicht. Nach jahrzehntelangen Diskussionen und Streitereien soll es erst jetzt gebaut werden. Ein eiserner Zaun umgibt den Hügel und die Grabstätten von Custer und seinen Männern. Überall dort, wo man damals einen toten Soldaten fand, wurde ein Grabstein errichtet. Erst zwei Tage nach der Schlacht wurden die Toten entdeckt. Niemand weiß, wer Custer getötet hat. Einige Indianer sollen sogar behauptet haben, dass eine Frau ihm den Gnadenschuss gab.

Ron Hawks steht vor den Grabsteinen und schweigt. Ihn erfüllt kein Triumphgefühl, nur grenzenlose Trauer über das tragische Schicksal seines Volkes. Die Schlacht am Little Bighorn war ein glorreicher Sieg für die vereinigten Sioux, Cheyenne und Arapaho. Sie vernichteten Lieutenant Colonel George Armstrong Custer und mehr als 260 Soldaten und Bedienstete seines 7. Kavallerie-Regiments. Aber bereits im Spätherbst wurde aus dem Sieg eine Niederlage. Die Büffel blieben aus, und die Armee hatte leichtes Spiel, die Indianer in Reservationen zu treiben. Lediglich Sitting Bull, der mit seinen Leuten nach Kanada floh, und Crazy Horse und seine Oglala leisteten erfolgreichen Widerstand. Doch auf Dauer blieb auch ihnen nichts anderes übrig, als sich der Herrschaft des Weißen Mannes zu beugen.

Für einen Indianer wie Ron Hawks, dessen Vorfahren gegen Custer gekämpft haben, hat das Schlachtfeld am Little Bighorn River eine fast magische Bedeutung. Hier wurden die arroganten Wasicun in ihre Schranken verwiesen. Hier starb der geltungsbedürftige „Boyhood General", der Frauen und Kinder massakriert hatte und in Washington, D. C. sogar als zukünftiger Präsident gehandelt wurde, einen verdienten Tod. Ein kaum merkliches Lächeln huscht über das Gesicht des alten Lakota, als er zum Fluss hinunterblickt und die vielen Tipis sieht, die während der Schlacht

Crazy Horse. Der Kriegshäuptling der Oglala Lakota besiegte Custer am Little Bighorn.

MONTAN
BILLINGS
LITTLE BIGHORN

Greasy Grass.
Am Greasy Grass, dem Little Bighorn, waren auch Vorfahren von Ron Hawks dabei.

Übermacht.
Tausende von Kriegern warteten auf Custer und seine Männer.

am Ufer standen. Aus dem kalten Wind wird ein glutheißer Hauch. Ron hört den Kampfeslärm und die heiseren Schreie der Krieger, die verzweifelten Rufe der Soldaten, die in Panik geraten und nach allen Seiten fliehen. Dichter Staub wallt unter den Pferdehufen auf. Schüsse krachen, Säbel klirren. Pfeile schwirren aus dem Nichts heran. Custer und seine letzten Männer werden auf den Hügel zurückgedrängt, der später seinen Namen bekommt: Custer's Hill. „Hokahey! Dies ist ein guter Tag zum Sterben!", tönt die Stimme von Crazy Horse.

Der Anführer der Oglala bietet keinen prunkvollen Anblick. An jenem glorreichen Tag ist er nur mit einem Lendenschurz und Mokassins bekleidet, und in seinen offenen Haaren hängen der Balg eines Falken und eine einzelne Feder. Sein Oberkörper ist mit hellblauer Farbe und weißen Punkten bemalt, auf seiner rechten Gesichtshälfte leuchtet ein greller Blitz. So hat er sich selbst in einer Vision gesehen. Wakan Tanka hat ihm versichert, dass er unverwundbar ist und die Lakota und ihre Verbündeten zu einem großen Sieg führen wird. „Tashunka Uitko", flüstert Ron den indianischen Namen des legendären Häuptlings. In den mündlichen Überlieferungen der Lakota wird er als heißblütiger Kämpfer gepriesen, der das Wohl seines Volkes über alles stellte und auch am Little Bighorn den Rückzug der Frauen und Kinder sicherte. „Er war ein großer Mann! Er lebte für sein Volk!"

Lieutenant Colonel George Armstrong Custer, sein großer Widersacher in dieser Schlacht, war vom Ehrgeiz zerfressen. In seiner weißen Wildlederjacke, dem roten Halstuch und seinen langen blonden Haaren entsprach er dem Bild des strahlenden Indianerkämpfers, wie er in Groschenheften an der Ostküste verherrlicht wurde. Er hatte sich in zahlreichen Schlachten hervorgetan und galt als ungestümer Kämpfer, lag aber auch in einem dauerhaften Clinch mit der militärischen und politischen Führung des Landes. Diesen Feldzug betrachtete er als letzte Gelegenheit, sich als erfahrener Stratege zu profilieren. Vielleicht hörte er deshalb nicht auf seine Indianerscouts, die das feindliche Lager am Little Bighorn River ausgemacht hatten und von „sehr vielen Indianern" sprachen. Ungefähr 4000 Sioux, Cheyenne und Ara-

Souvenirs. Bemalte Büffelhäute und indianische Kunst erinnern an die große Schlacht.

paho, so eine vorsichtige Schätzung, warteten nur darauf, dass Custer und seine Männer in ihre Falle gingen.

Aber „Gelbhaar", wie Custer von den Indianern genannt wurde, ließ sich nicht beeindrucken. Anstatt auf Unterstützung zu warten, teilte er seine Expedition und griff an. Drei Kompanien unter Captain Frederick W. Benteen sollten die Hügel im Süden erkunden, während drei Kompanien unter Major Marcus A. Reno den Fluss überqueren und das Lager von Süden her angreifen sollten. Custer und die verbleibenden fünf Kompanien wollten den Feind im Norden und Osten beschießen.

Am Fluss wurde Reno von einer vielfach überlegenen Streitmacht der Indianer erwartet und hinter die Hügel zurückgetrieben. Er traf mit Captain Benteen zusammen, der bereits einen schriftlichen Hilferuf von Custer erhalten hatte: „Komm her! Großes Dorf! Schnell!" Aber die beiden Offiziere standen unter Beschuss und konnten froh sein, wenn sie selbst entkamen. Custer und seine Männer standen allein gegen die Hauptstreitmacht der wütenden Indianer.

Niemand weiß genau, welchen Weg die Einheit unter Custer nach der Trennung von Reno und Benteen nahm, aber die Augenzeugenberichte beteiligter Indianer sprechen davon, dass er von den vereinigten Sioux, Cheyenne und Arapaho überrollt wurde, seine Männer absteigen ließ, sich auf einen Hügel zurückzog und ihn dort sein Schicksal ereilte.

„Es wurde schnell geschossen", diktierte der Cheyenne-Häuptling Two Moons einem Übersetzer, „wir kreisten sie ein wie rauschendes Wasser einen Stein. Wir schossen und ritten und schossen. Soldaten fielen von ihren Pferden."

Mit Custer starben 225 Soldaten seiner Einheit. Fünf Kompanien wurden ausgelöscht. Unter Reno und Benteen verloren 47 Männer ihr Leben. Ungefähr vierzig Indianer kamen bei den Kämpfen ums Leben. Die siegreichen Krieger feierten ihren Sieg und zerstreuten sich in alle Winde. Sie wurden erbittert gejagt und mussten erkennen, dass es auch nach diesem großen Sieg keine Zukunft in ihren Jagdgründen gab. Sie wurden auf Reservationen abgedrängt, wo die meisten heute noch leben.

Wir gehen zum Besucherzentrum und wärmen uns in dem kleinen Museum auf. Das Little Bighorn Battlefield wird vom National Park Service verwaltet. Die Regale des angrenzenden Shops sind mit zahlreichen Büchern, Videos und Broschüren über die Schlacht am Little Bighorn gefüllt. George Armstrong Custer ist eine Reizfigur geblieben, und fast jedes Jahr erscheint eine neue Abhandlung über ihn. Zwei indianische Park Ranger begrüßen uns: Ken Woody, ein Mohawk aus Pennsylvania, und Patrick Hill, ein Pawnee aus Nebraska.

„Es war nicht einfach, in den Park Service reinzukommen", berichtet Ken. „Ich habe lange in Pennsylvania gearbeitet, war bei der Liberty Bell, die nach der Unterzeichnung der Verfassung geläutet wurde, aber es war immer mein Traum, zum Little Bighorn versetzt zu werden. Hier fand eines der wichtigsten Ereignisse der amerikanischen Geschichte statt. Diese Schlacht war ebenso bedeutend und fol-

Memento Mori. Ein einsamer Grabstein erinnert an den gefallenen „General".

genschwer wie Gettysburg im amerikanischen Bürgerkrieg, das vergessen viele Menschen. Am Little Bighorn entschied sich das Schicksal der Prärie-Indianer."

Über Custer wird am Little Bighorn jeden Tag diskutiert, und wir bilden keine Ausnahme. „Custer war arrogant", behauptet Ron Hawks, „er wollte unser Volk im Alleingang besiegen." Ken Woody stimmt ihm zu. „Aber er war kein Idiot! Er war ein tapferer Mann, das sagten sogar die meisten Indianer, die man nach der Schlacht befragte. Im Bürgerkrieg und in den Indianerkriegen wurden elf Pferde unter ihm weggeschossen, das zeigt doch, wie kühn er war, und wie nahe er sich an seine Feinde heranwagte. Die meisten Offiziere blieben doch zurück, wenn es in den Nahkampf ging." Ron widerspricht: „Und was war am Washita? Dort hat er schlafende Frauen und Kinder umgebracht!" Der indianische Ranger nickt. „Im Krieg geschehen Grausamkeiten. Aber er war kein Indianerhasser, das steht fest. Er hatte sogar großen Respekt vor den letzten freien Kriegern, wie er sie nannte. Ich glaube, er hat mal gesagt, dass er selber bis zum letzten Atemzug gekämpft hätte, wenn er ein Indianer gewesen wäre."

Patrick Hill sieht Custer nicht als Lichtgestalt, will auch Crazy Horse nicht in den Mittelpunkt stellen. „Gerade die Diskussion um die Schlacht am Little Bighorn wird zu sehr an den Anführern festgemacht. Viele Amerikaner verwechseln Patriotismus mit Geschichte, deshalb wurde Custer zum Volksheld erhoben. Und bei den Lakota ist es nicht anders. In der zweiten Hälfte des neunzehnten Jahrhunderts war das normal, da wurde die Geschichte immer an Staatsmännern und Offizieren festgemacht. Wahrscheinlich liegt es daran, dass die meisten Menschen Packesel sind. Sie laufen diesen Anführern hinterher. Außerhalb einer Gruppe können sie nicht leben. Mich stört das!" Ron zuckt mit den Schultern. „Bei den Lakota entschied jeder Krieger selber, ob er einem Mann wie Crazy Horse folgen wollte. Es gab keinen Häuptling, der über alle Mitglieder des Stammes bestimmte. Ich glaube, den Indianern kann man eher den Vorwurf machen, dass sie zu wenig in einer Gruppe auftraten!" Ken Woody deutet auf ein Foto von Sitting Bull: „Am Little Bighorn war es anders, da gab es Strategen wie Sitting Bull und Crazy Horse. Ohne diese beiden Häuptlinge wäre es anders ausgegangen."

Diskutiert wird auch über die Rolle der indianischen Scouts. Besonders die Crow und Pawnee halfen der amerikanischen Armee, die Sioux, Cheyenne, Arapaho und andere Präriestämme zu besiegen.

Patrick, selber ein Pawnee, verteidigt seine Vorfahren: „Sie kämpften ums Überleben und sahen keine andere Möglichkeit, als den Weg des Weißen Mannes zu gehen." Ron ist anderer Meinung: „Sie waren Verräter! Ein Lakota, der für die Weißen kundschaftete, wurde aus dem Stamm ausgestoßen!"

Patrick: „Die Pawnee waren nicht so schlecht, wie sie in 'Der mit dem Wolf tanzt' dargestellt wurden!" Jetzt lachen beide, und Patrick meint: „Die Lakota und die Pawnee sind schon lange keine Feinde mehr. Damals ging es um unsere Jagdgründe! Wir mussten kämpfen, um am Leben zu bleiben, jeder auf seine Weise! Wir haben über hundert Jahre nicht mehr gegeneinander gekämpft. Heute sind wir befreundet und schicken uns E-Mails!"

Aber ganz ist die alte Feindschaft noch immer nicht vergessen. Als wir das Schlachtfeld verlassen und am Kassenhäuschen mit der Crow-Indianerin vorbeifahren, kann Ron sich eine abfällige Bemerkung nicht verkneifen. Erst sehr viel später erfahre ich, dass einer von Rons Verwandten mit einer Crow verheiratet ist.

No Survivors. „Keine Überlebenden" hieß die Schlagzeile der Zeitung, die über die Schlacht berichtete.

Einkauf. Ron Hawks kauft einen Becher Kaffee, dann geht es wieder „on the road".

lame deer

„DER MIT DEM WOLF TANZT...”

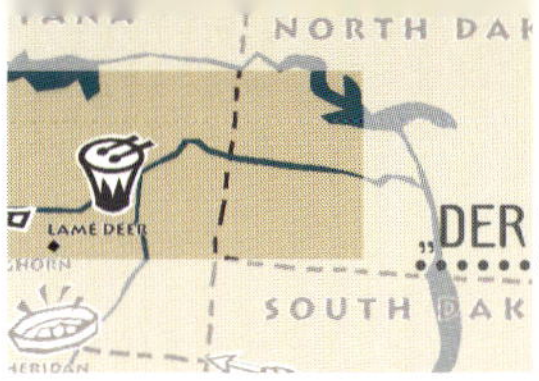

Pow-wow. Beim Tanzen werden die Geister der Vergangenheit beschworen.

Beim Pow-wow auf der Northern Cheyenne Reservation tanzt Ron Hawks zum Rhythmus der Trommeln und den Gesängen befreundeter Krieger – auf der Suche nach den Visionen und Träumen seiner Vorfahren.

Ron Hawks tanzt in der glühenden Sonne. Seine Mokassins scharren über den staubigen Boden und bewegen sich zum Rhythmus der stampfenden Trommeln. Sein Blick ist auf die heiligen Berge am Horizont gerichtet. Seine Gebete erheben sich in den schwülen Sommerwind und verklingen über den Tipis, die hinter den Wohnmobilen und Pickups emporragen. Der beschwörende Gesang der Trommler beflügelt seine Schritte. Er tanzt nicht für die Zuschauer und auch nicht für die Preisrichter. Das Preisgeld interessiert ihn nicht. Er tanzt für Wakan tanka, das Große Geheimnis, und die Geister in den vier Himmelrichtungen. Er betet für seine Verwandten in Pine Ridge, die nicht genug Geld zum Leben haben, und die jungen Lakota, die Alkohol und Drogen verfallen sind und keine Zukunft mehr haben. Sein Gesicht ist mit roter Farbe bemalt, wie bei einem Krieger, der gegen die Crow oder Pawnee kämpft, und seine Gedanken wandern zu seinen Vorfahren, die nach einem Kriegszug oder einer Jagd am großen Feuer tanzten und Wakan tanka ehrten.

Auf einem Pow-wow der Northern Cheyenne in Lame Deer, Montana, habe ich Ron Hawks kennen gelernt. Ich war auf einer Recherchenreise für meinen historischen Roman „Das Lied der Cheyenne", und wir saßen stundenlang im Schatten seines Wohnmobils, knabberten an einer Melone und sprachen über die Vergangenheit seines Volkes. „Ich habe schon als Vierjähriger getanzt", meint er nach einer Weile, „ich habe die Schritte von meinem Vater und anderen weisen Männern meines Volkes gelernt. Sie haben die alten Geschichten erzählt und mir Gebete und Lieder beigebracht. Wir tanzen nicht wie die Weißen. Wir wollen beim Tanzen unsere Gedanken ausdrücken. Wie bei einem Ballett. Im Tanz finden wir uns selbst. Wenn ich bei einem Pow-wow tanze, sehe ich Geschichten. Ich erlebe Träume. Wie bei einer Vision. An der Wertung nehme ich selten teil. Als guter Tänzer kann man viel Geld verdienen, aber daran bin ich nicht interessiert. Ich tanze auch, wenn ich allein bin, und keine Wertungsrichter zuschauen. Dann bin ich allein mit Wakan tanka."

Pow-wows sind farbenprächtige Stammestreffen, zu dem auch befreundete Indianer eingeladen sind. Sie gingen aus den religiösen und familiären Zeremonien einzelner Stämme hervor und entwickelten sich zu einer Mischung aus Tanzwettbewerb, Familientreffen und heiterem Jahrmarkt. Viele Teilnehmer kommen von weit her. „Einige Männer und Frauen nehmen nur an einem Pow-wow teil, weil sie hoffen, einen der Geldpreise zu gewinnen", erklärt Ron, „andere Indianer kommen, um Familienangehörige zu treffen und wegen der fröhlichen Atmosphäre." Traditionalisten wie Ron reisen zu einem Pow-wow, um die alten Zeiten wiederzubeleben. Sie wollen singen, tanzen und beten. Die Tanzfeste finden überall in den USA statt, meist über ein Wochenende und auch an der Ostküste und in Städten wie Chicago oder New York. „Ein Pow-wow stärkt die Seele", sagt Ron, „es macht die Menschen glücklich und gibt ihnen Mut. Viele Indianer haben nichts anderes. Sie brauchen ein Pow-wow, um überleben zu können. Die Fröhlichkeit der anderen gibt ihnen Kraft."

Das erste Pow-wow sollen die Poncas schon um das Jahr 1804 veranstaltet haben. Sie nannten es „Hethuska". Über die Osage, die es „Inlonschka" tauften, kam es zu den Omaha und Lakota. Um das Jahr 1890 waren Pow-wows in zahlreichen Reservationen verbreitet. Einige Historiker vermuten, dass Pow-wows entstanden, als

Trommeln. Beim Pow-wow schöpft der junge Lakota neue Kraft für den Alltag.

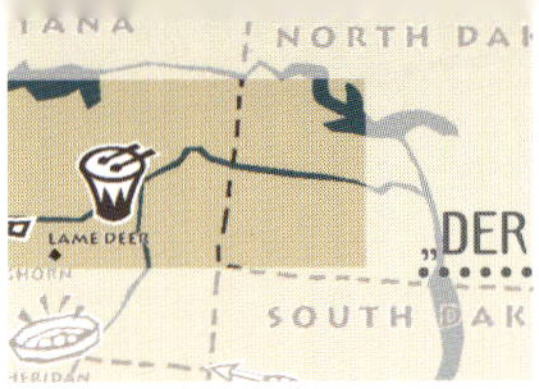

die Indianer auf den Reservationen gezwungen wurden, für die weißen Besucher von der Ostküste zu tanzen. Vor jedem Tanz zogen sie wie ein Zirkus durch die Stadt, der Beginn des „Grand Entry". Anfangs tanzten alle Teilnehmer nur aus Vergnügen. Zu Wettbewerben wurden die Pow-wows um das Jahr 1920, als auch Angehörige anderer Stämme zu einem solchen Fest eingeladen wurden. Erfahrene Männer beurteilten den Tanzstil der Teilnehmer und verteilten Geldpreise. Weil die Indianer unterschiedliche Sprachen benutzten, wurden die Lieder in einem wortlosen Singsang vorgetragen, der irrtümlicherweise auch in den meisten Indianerfilmen erklingt. Die wenigsten Weißen wissen, dass es auch gesungene Lieder gibt. „In den alten Zeiten gehörten manche Lieder einer bestimmten Familie", sagt Ron, „man musste ein Familienmitglied um Erlaubnis fragen, wenn man eines dieser Lieder singen wollte. Heute singt jeder, wie es ihm gefällt."

Jedes Pow-wow wird von einem Komitee organisiert. Der Arena Director und der Master of Ceremonies achten darauf, dass der Zeitplan und die Regeln eingehalten werden. Hohe Geldpreise warten auf die besten Tänzer in den verschiedenen Disziplinen. Wie Gras im Wind wogen die Wollfransen an den Kostümen der Grass Dancers. Mit den Bewegungen drückten ihre Vorfahren im 19. Jahrhundert das wuchernde Präriegras für die anderen Tänzer platt. Die Fancy Dancers, meist junge Männer, tanzen „Freestyle" und bestimmen ihre eigene Choreographie. Die Fancy Shawl Dancers, anmutige Frauen und Mädchen in schimmernden Kostümen, schwingen einen Tanzschal zu ihren fließenden Bewegungen. Kleine Glöckchen erklingen zum Tanz der Jingle Dancers, die ihre Kleider mit kleinen Metalltrichtern verziert haben. Die Traditional Dancers orientieren sich an den Schritten ihrer Vorfahren, die nur zu bestimmten Gelegenheiten tanzten und während des Tanzes die Geister ehrten. Selbst die Kinder nehmen an den Wettbewerben teil, klatschen einander ab, wenn die Wertung kommt, und sie gut abgeschnitten haben.

Das Pow-wow der Northern Cheyenne findet jeden Sommer in einer romantisch gelegenen Senke der Northern Cheyenne Reservation statt. Die Wohnmobile und Camper der Teilnehmer stehen zwischen den kegelförmigen Tipis, die an die Zeltlager im letzten Jahrhundert erinnern sollen. Neben den überdachten Tribünen haben Besucher ihre Klappstühle aufgestellt und Decken ausgebreitet. Ein Pow-wow ist ein Familienfest. Sogar Weiße sind herzlich eingeladen, vor allem Europäer, „die mehr Respekt vor unserer Vergangenheit haben als die meisten Amerikaner." Das sagt Ron am späten Vormittag, als wir bei Jimmy Little Coyote sitzen und Eistee trinken. Eine Plane schützt uns vor der Sonne. Eine Frau kämmt ihre Tochter für den Junior Dance, nebenan steigt ein Mann aus seinem Camper und legt seinen Federschmuck an. Vor einem Pickup unterhalten sich zwei Cheyenne-Frauen, die eine aus dem Norden, die andere aus dem Süden. Sie haben sich lange nicht gesehen und plappern ohne Unterlass. An den Verkaufsständen werden die ersten Hot Dogs und Sandwiches verkauft, auch sogenanntes Indian Bread gibt es, das sind in Schmalz gebackene Fladen. Eiskaltes Pepsi-Cola wird vom Sponsor zu überhöhten Preisen ausgeschenkt.

Mittags kündigt der „Master of Ceremonies" den „Grand Entry" an, den Einzug aller Tänzer und Tänzerinnen. Der Klang ihrer Fußschellen begleitet die bunt gekleideten Indianer auf den Festplatz. Die amerikanische Flagge wird hereingetragen. Dasselbe Sternenbanner, das am Sand Creek und am Washita mit Blut bespritzt wurde, als die US-Kavallerie unschuldige Frauen und Kinder massakrierte. Die Flagge, die zum Symbol des Untergangs für die Indianer wurde. „Wir tanzen zu Ehren der amerikanischen Soldaten, die im Golfkrieg einen heroischen Tod gestorben sind", erklärt Ron Hawks. „Auch junge Cheyenne und Lakota haben für die amerikanische Armee gekämpft, sie sind im Krieg erwachsen geworden. Sie haben ihren Mut bewiesen, so wie unsere Krieger vor mehr als hundert Jahren." Jimmy Little Coyote fügt hinzu: „Aber das Sternenbanner soll auch an unsere Vorfahren erinnern, die im Kampf gegen diese Flagge gestorben sind! Wir haben verziehen, aber nicht vergessen!" Kriegsveteranen tragen die Stammesabzeichen, das Banner der ehemaligen Kriegsgefangenen und mit Adlerfedern geschmückte Lanzen herein. Es folgen die Stammesführer und Ehrengäste des Pow-wows. Farbenprächtige Fe-

Fancy Shawl
Beim Fancy Shawl Dance schwenkt die Tänzerin eine bunte Decke.

Beauty Queen. Auch Schönheitsköniginnen werden auf einem Powwow gewählt.

dern schmücken ihre Kostüme mit traditionellen und fantasievollen Mustern. Die Trommler schlagen einen monotonen Rhythmus. Männer und Frauen ziehen auf den Festplatz und formieren sich zu einem Round Dance, der auf den Wettbewerb einstimmen soll. „Der Grand Entry ist der Höhepunkt eines Pow-wows", sagt Ron, „wenn ich mit über hundert Tänzern auf dem Festplatz stehe, bin ich sehr glücklich."

Während der Pause sitze ich mit Jenny Parker auf der Tribüne, einer Nachfahrin des legendären Cheyenne-Häuptlings Two Moons. Sie gehört zur High School Commission der Northern Cheyenne und hat zahlreiche Hollywood-Crews als Expertin für Cheyenne-Kultur und -Sprache beraten. Mit ernster Miene berichtet sie von der angespannten Lage auf der Reservation. Ungefähr 6.500 Stammesmitglieder leben dort. Die Southern Cheyenne hat es nach Oklahoma verschlagen. Zur Trennung des Stammes war es bereits im letzten Jahrhundert gekommen, als die Northern Cheyenne auf der Hochprärie in Montana blieben, und die Southern Cheyenne den Büffelherden nach Süden folgten. Die Zustände auf der Reservation erinnern an die Dritte Welt. Hastig errichtete Bretterhütten, zwischen den Häusern verrostete Autos und anderer Müll, überall Kinder in abgetragenen Kleidern. Das stolze Reitervolk der Cheyenne aus dem vergangenen Jahrhundert gibt es nicht mehr. Der Stammesrat, der sich um die Belange der Indianer kümmern soll, ist in politische Querelen verstrickt und hat wenig zu sagen. Fast alle Cheyenne schimpfen auf ihre Politiker, dabei werden sie vom Volk gewählt. Aber sie kümmern sich kaum um die Probleme, die vor allem in der Arbeitslosigkeit vieler Cheyenne-Familien begründet liegen.

Über die Hälfte der Bewohner lebt von der Sozialhilfe oder schlägt sich mit Gelegenheitsjobs durchs Leben. „Der Alkohol ist zum größten Problem auf der Reservation geworden", sagt Jenny Parker, „vor allem die jungen Leute trinken Alkohol oder nehmen Drogen. Dabei ist der Verkauf auf der Reservation streng verboten. Aber es gibt immer Händler, die dieses Verbot missachten, so wie vor hundert Jahren, als weiße Händler unseren Kriegern billiges Feuerwasser verkauften. Die Polizei ist machtlos gegen diese Verbrecher, und un-

Traditional. Die Trommel erklingt zum Traditional Dance.

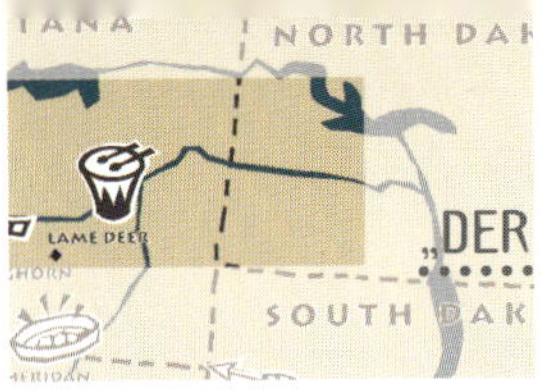

Wettkampf. Jung und Alt tanzen beim Pow-wow um wertvolle Geldpreise.

Beschwörung. Ron Hawks verzichtet auf Geldpreise und beschwört die Geister.

sere jungen Leute werden krank von dem Zeug. Die Zahl der Leberkranken ist alarmierend, auch Diabetes ist stark verbreitet. Es ist schlimm."

Der Stammesrat kann wenig tun, hat keine Lobby in Washington. „Es ist nicht damit getan, dass der Präsident sich eine Federhaube aufsetzt und mit unseren Stammesführern posiert", schimpft Jenny Parker, „es müssten Hilfsprogramme her, die wirklich greifen. Mehr Arbeit, bessere Schulen, finanzielle Mittel, aber auch in dieser Hinsicht hat sich kaum etwas geändert seit dem letzten Jahrhundert. Indianer wählen nicht, bei uns gibt es kaum etwas zu holen. Wir sind immer noch Rothäute, von denen niemand etwas wissen will. Sogar Kevin Costner, der mit 'Der mit dem Wolf tanzt' einen sehr guten Film gemacht hat, lässt sich kaum noch bei unseren Freunden, den Lakota, blicken."

Die meisten Weißen fahren nur wegen der farbenprächtigen Tänzer beim Pow-wow auf die Reservation. Ein paar Schnappschüsse für das Familienalbum, natürlich ohne zu fragen, rein in den Wagen und rasch weiter zur nächsten Sehenswürdigkeit. Die Reservation als Menschenzoo, als Dritte-Welt-Land, das man nur wegen der „farbenprächtigen Eingeborenen" besucht. Die Cheyenne reagieren misstrauisch auf alle weißen Besucher und sind besonders auf ihre amerikanischen Mitbürger schlecht zu sprechen. „Die Amerikaner haben kein Verständnis für unsere Probleme", sagt Jenny Parker, „sie behandeln uns wie Ausländer, obwohl wir lange vor ihnen in diesem Land waren. Sie sagen, dass wir dreckig und verlaust sind, und in den gemischten Schulen werden unsere Kinder beschimpft. Eine weiße Mutter hat ihren Sohn aus der Schule genommen, weil sie nicht wollte, daß er neben einem Cheyenne sitzt. Das ist wirklich passiert."

Ron Hawks hat nichts gegen weiße Besucher, sonst hätten wir uns nicht auf einem Pow-wow kennen gelernt, aber er reagiert sehr verhalten, wenn er von einem wasicun angesprochen wird. Es kommt schon mal vor, dass er einem Besucher, der ihn fotografiert, die Kamera abnimmt und den Film herausreißt. „Ich möchte gefragt werden", sagt er. Auch Fragen beantwortet er nur, wenn er ein ernsthaftes Interesse spürt. Zahlreiche Besucher, die bei ihm abgeblitzt sind, beschimpfen ihn als arrogant. Die wenigen Menschen, die mit ihm befreundet sind, schätzen ihn als humorvollen Zeitgenossen, der zu jedem Scherz bereit ist. Man muss das Wesen der Indianer verstehen, ihre Empfindlichkeit, wenn es um das Erbe ihrer Vorfahren geht, und ihren hintergründigen Humor, nur dann kommt man mit ihnen ins Gespräch. Man braucht Zeit und Geduld. Eine Stunde auf einem Pow-wow reicht nicht aus, um Indianer wirklich kennen zu lernen. „Auf einem Pow-wow gibt es bestimmte Benimmregeln", sagt Ron Hawks, „die sollten auch weiße Besucher einhalten."

Ron gehört zu den Traditional Dancers. Würdevoll betritt er den Tanzplatz, einen Federfächer in der linken und die mit Adlerfedern geschmückte Lanze in der rechten Hand. Es ist dunkel geworden, und das Licht der Scheinwerfer liegt auf seinem bronzefarbenen Gesicht. Seine Augen leuchten stolz, blicken in die Vergangenheit, die bei diesem Tanz lebendig wird. So wie Ron Hawks haben auch die Krieger vor zweihundert Jahren getanzt. Seine Bewegungen verschmelzen mit dem Rhythmus der Trommeln, seine Füße gleiten über den Boden. „Ein Tanz ist wie ein Traum", sagt er später, „ich erfahre die Wahrheit über mich selbst." Die Gleichmäßigkeit seiner Bewegungen und seine würdevolle Haltung sind ausschlaggebend für eine gute Wertung, aber Ron denkt nicht an das Preisgeld. Er hört nur die Trommeln und denkt an die Zeit, als seine Vorfahren den Büffel jagten und nach einer erfolgreichen Jagd am großen Feuer feierten und tanzten. „Wenn ich tanze, sehe ich meine Verwandten", berichtet er stolz, „ich sehe, wie sie lebten, bevor der Weiße Mann kam. Es war eine gute Zeit. Sie wird niemals wiederkehren, ich weiß, aber solange ich tanzen kann, bin ich glücklich."

Grand Entry.
Beim Grand Entry präsentieren sich alle Tänzer auf dem Paradeplatz.

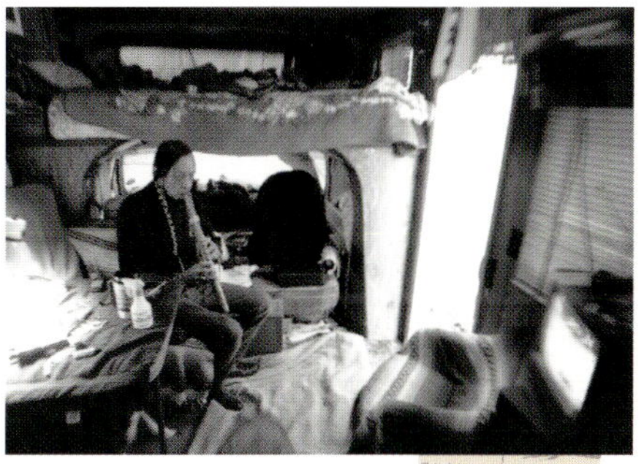

Wohnmobil.
Im Wohnmobil reist Ron Hawks von einem Pow-wow zum anderen.

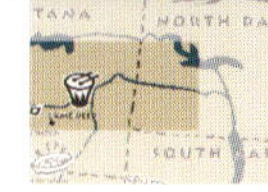

black hills

DAS GEHEIME WISSEN DER LAKOTA

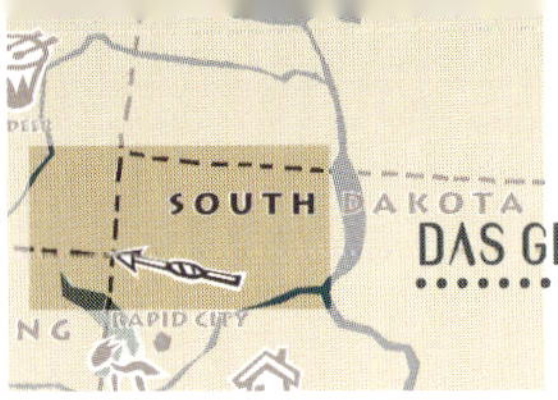

Horizont. Vom einen Horizont zum anderen führt die Reise durch das Indianerland.

Beim Sonnentanz feiert Ron Hawks die Wiedergeburt der lebendigen Natur und die Gegenwart von Wakan Tanka, des Großen Geheimnisses, das in allen Dingen lebt, sogar in den Bäumen und Steinen am Wegesrand.

Wir fahren der untergehenden Sonne entgegen, bis nach South Dakota hinein, in die Black Hills der Lakota, die sich wie eine schwarze Wand gegen den dunkelroten Himmel abheben. Außerhalb von Sturgis liegt der heilige Berg der Lakota. Bei den Indianern heißt er „Mato Paha", der „Berg des schlafenden Bären", von den Weißen wird er „Bear Butte" genannt. Ron Hawks bleibt vier Tage und vier Nächte. Vier ist eine heilige Zahl bei den Lakota. Er spricht mit den Geistern und trifft Wakan tanka, das Große Geheimnis der Lakota. Er spürt den heiligen Atem aus den vier Richtungen und die Berührung durch Sonne und Mond. Der „Berg des schlafenden Bären" entstand vor vielen Wintern, als ein mächtiger Bär von Unkche-ghila, dem geheimnisvollen Riesen, überfallen wurde und nach einem tagelangen Kampf blutend in den Prärie floh. Er stürzte tot zu Boden, und über seinem Rücken fiel die Erde zusammen. Der Mato Paha ist bis zum heutigen Tag ein Wallfahrtsort der Lakota und Cheyenne geblieben.

Südlich von Bear Butte führt der Highway durch die Black Hills, die heiligen „hé sapa" der Lakota. In den Schwarzen Bergen des westlichen South Dakota liegt der Mittelpunkt der Erde, die Wiege der Sieben Ratsfeuer, die Quelle allen Seins. Wie eine mystische Insel ragen die Berge aus dem Land empor, unbeeindruckt von den Sünden des Weißen Mannes, der die Erde nach Gold durchwühlte und eine Stadt wie Deadwood aus dem Boden stampfte, einen Sündenpfuhl mit Saloons und Bordellen und die bevorzugte Heimat von Revolvermännern wie dem legendären Wild Bill Hickock. Die Stadt verkümmerte zu einem Touristendorf mit Spielcasinos und Restaurants, in dem selbst die Kellner wie Westernhelden gekleidet sind und mit Platzpatronen schießen.

Die Lakota versuchten, im Einklang mit der Natur zu leben. „Alle Dinge sind lebendig", erklärt Ron, „die Bäume, die Felsen, das Gras, sogar das Holz des Tisches, an dem wir sitzen. Wir sind ein Teil der Natur, das vergessen die meisten Weißen. Die Erde ist unsere Mutter. Wenn wir sie zerstören, töten wir uns selbst! Das Leben ist ein heiliger Kreis. Die Weißen haben ihn zerstört, aber wenn wir tanzen und beten, werden die Wunden heilen. Auch wir glauben an einen Gott, aber er lebt nicht im Himmel. Der Schöpfer ist überall! Er ist Wakan tanka, das Große Geheimnis. Wenn ich durch einen Wald laufe, höre ich die Bäume sprechen. Wenn ich einen Felsen betrachte, spüre ich seine Gedanken. Die Geister sind überall. Wakan tanka ist überall. Unsere heiligen Männer und Frauen reden mit den Geistern. Wir fühlen ihre Nähe, wenn wir in einer Schwitzhütte sitzen und unseren Körper und unseren Geist reinigen, wir spüren sie beim Sonnentanz, wenn wir die erwachende Natur ehren. Ich brauche keine Kirche, um mit Wakan tanka und den Geistern zu sprechen. Meine Kirche liegt in den Wäldern und auf der Prärie, auf dem Gipfel des heiligen Berges, den wir Mato Paha nennen. Hier rauche ich die heilige Pfeife und danke der Natur für ihre Gaben."

Die Lakota lebten in einer ständigen Furcht vor der Geisterwelt. Wakan tanka waren eine ganze Reihe von Göttern und Geisterwesen untergeordnet, die den Alltag der Sioux auf nachhaltige Weise bestimmten. Whope, die Schöne, verteidigte die Keuschheit, das höchste Gut der jungen Frauen. Hanwi, die Göttin des Mondes. Tate, der Wind, der den Geisterpfad in den Himmel bewachte und nur denjenigen passieren ließ, der sich auf der Erde als würdig erwiesen hatte. Wakinyan, der

Wakan tanka. Ron Hawks betet zu Wakan tanka, dem „Großen Geheimnis" der Lakota.

Träume.
In ihren Träumen suchten die Lakota nach einer anderen Wahrheit.

Donnervogel, der während eines Gewitters über die Tipis flog und einen Mann zum Narren machen konnte. Yumni, der Wirbelwind, der als Patron der Spiele und der Brautschau galt. Nur ein Wicasa wakan, ein heiliger Mann, wusste um das Geheimnis dieses Universums und verstand es, mit diesen Wesen in Kontakt zu treten. Er bat Sicun, die Kräfte des Guten, ihm gegen Iya, die Kräfte des Bösen beizustehen. Alle Lakota kannten die reinigende Kraft des Rauchs, wenn er von brennendem Tabak oder Sweetgrass aufstieg. Der Bisonschädel repräsentierte die Stärke des Bisons.

Die Lakota suchten diese andere Wirklichkeit und vereinten sich in ihren Träumen und Visionen mit der Natur. Sie trafen die geheimnsivollen Geisterwesen, die ihnen Warnungen, Prophezeiungen und Enthüllungen zukommen ließen, und sahen den Weg, den sie in ihrem Leben gehen mussten. Die Träume brachten das Licht, das auch die dunkelste Ecke ihrer Seele ausleuchtete und innere Stimmen weckte, die sonst nicht zu hören waren. Sie erfuhren eine andere Welt, die vielleicht realer war als die wirklich greifbare, und erlangten ein neues Bewusstsein, das ihnen half, den Alltag, die Jagd und den Krieg zu meistern. Sie wollten in ihren Träumen vor allem Macht erlangen. Wobei man Macht besser mit Kraft gleichsetzt, denn es ging ihnen nicht darum, andere Menschen zu beherrschen oder ein politisches Amt zu bekleiden. Sie wollten die Kraft übernatürlicher Mächte spüren und die Existenz des Unbekannten begreifen. In ihren Träumen offenbarte sich Wakan tanka, das überall lebendig war und demutsvoll verehrt wurde. Nur in ihren Träumen gelang es den Lakota, ihr Gleichgewicht herzustellen.

Wie intensiv ein solches Traumerlebnis sein konnte, bewies Black Elk, ein bekannter Medizinmann der Lakota, der um die Jahrhundertwende auch Europa besuchte und von quälendem Heimweh geplagt wurde. Er begab sich auf eine Geist-Reise, fand in dieser Vision seinen Seelenfrieden und berichtete: „Ich blickte zur Decke hinauf und sah, dass sie sich bewegte. Das Haus drehte sich oben und streckte sich während des Drehens in die Höhe. Ich sah, wie wir alle mit dem Haus sehr schnell in die Höhe stiegen, und es sich während des Steigens im Kreis drehte. Eine Wolke schwebte auf uns herab, während wir nach

Schädel.
Aus dem Bisonschädel strömt die Kraft des heiligen Tieres.

oben stiegen, und plötzlich stand ich auf dieser Wolke. Die anderen Leute und das Haus fielen unter mir weg. Dann war ich allein auf dieser Wolke, und sie bewegte sich sehr schnell. Ich hielt mich an ihr fest, denn ich fürchtete, hinabzustürzen. Weit unten sah ich Häuser und Städte, grünes Land und Ströme, und alles sah ganz flach aus. Danach war ich über dem Großen Wasser. Jetzt fürchtete ich mich nicht mehr, denn nun wusste ich, dass es heimwärts ging. Es war dunkel, dann wurde es wieder hell, und dann konnte ich eine große Stadt unter mir sehen. Da wusste ich, es war jene, in der wir zuerst das große Feuerboot bestiegen hatten, und dass ich wieder in meinem eigenen Land war. Ich fühlte mich sehr glücklich. Die Wolke und ich trieben stetig und in großer Eile weiter. Ich sah Städte und Ströme und Städte und grünes Land, dann weiter in der Ferne die Black Hills und die Mitte der Welt, zu der Geister in meinem großen Traum mich entführt hatten. Als ich nun gerade über Pine Ridge war und die Wolke stehen blieb, blickte ich hinab und konnte nicht begreifen, was ich sah. Nahezu alle Leute der verschiedenen Stämme meines Volkes waren dort in einem großen Lager versammelt. Ich sah das Tipi meines Vaters und meiner Mutter, sie waren im Freien, meine Mutter kochte. Ich wollte hinabspringen und bei ihnen sein, doch ich fürchtete, zu Tode zu stürzen. Plötzlich blickte meine Mutter herauf, und ich war ganz gewiss, dass sie mich sah. Doch eben jetzt begann die Wolke, sich sehr schnell zurückzubewegen. Ich war traurig, aber ich konnte nicht hinab. Unter mir schwanden Ströme und grünes Land und Städte rasch zurück. Bald flogen die Wolken und ich wieder über die sehr große Stadt. Und dann gab es nichts außer Wasser und mir selbst. Die sternenlose Nacht brach an, und ich war ganz allein in einer dunklen Welt. Doch nach einiger Zeit begann in der Ferne über mir, sich Licht zu zeigen. Darauf sah ich wieder Erde unter mir, Städte und grünes Land und Häuser, und alles floh zurück. Bald hielt die Wolke an über einer großen Stadt, und ein Haus fing an, zu mir heraufzufahren, und drehte sich während des Aufstiegs ständig. Als ich die Wolke berührte, nahm es mich auf, und begann nach unten zu sinken."

Die Prärie-Indianer suchten ständig nach Träumen und Visionen und bedien-

Wicasa wakan.
Die heiligen Männer standen in Verbindung mit den übernatürlichen Kräften.

Black Hills.
Wakan tanka lebt in den Schwarzen Bergen.

Bear Butte.
Auf dem Heiligen Berg beteten Sitting Bull und Crazy Horse.

Wetter-Geist.
Wizaya, der Wettergeist, färbt den Himmel dunkel.

ten sich vielfältiger Mittel, um die andere Wirklichkeit zu erfahren. Viele Cheyenne banden sich Büffelschädel mit langen Rohhautschnüren an die Brust und zogen sie durch das Lager. Auch die Sioux fügten sich bewusst Schmerzen zu, um in einem durch körperliche Schmerzen hervorgerufenen Trancezustand die Traumwelt zu erfahren. Andere Krieger blieben stundenlang in einer Schwitzhütte und reinigten ihren Körper nach einem festen Ritual für die Geistreise. Die Lakota waren so versessen darauf, diese Traumwelt zu erfahren und auf diese Weise Macht, Kraft und Ansehen zu gewinnnen, dass sie bis an den Rand der Selbstzerstörung gingen, um ihr Ziel zu erreichen.

Die Lakota sahen den Menschen als Teil eines Kosmos, in dem alle Dinge lebendig waren und über eine Seele verfügten. Der Mensch war genauso abhängig vom Willen der Geister und Dämonen wie Tiere und Pflanzen, Berge, Flüsse und Steine, Erde und Sand. Die Indianer mussten der Natur mit großer Ehrfurcht begegnen, weil sie durch ein rücksichtsloses Vorgehen das Gleichgewicht des gesamten Universums gestört und ihre Existenz gefährdet hätten. Durch aufwendige Zeremonien, Gebete, Tänze und Gesänge versuchten sie, die Geister zu besänftigen, denn diese kontrollierten das ganze Leben im Kosmos und konnten Sandstürme, Überschwemmungen und andere Katastrophen zu den Stämmen schicken. Die ständige Furcht vor den Geistern zwang die Indianer, die Natur mit anderen Augen zu sehen als die „zivilisierten" Weißen, die für Naturereignisse und Katastrophen einfache Erklärungen besaßen und den Geisterglauben der Indianer als bloßen Hokuspokus ablehnten.

Wir wissen schon lange, dass die Erde eine Kugel ist und um die Sonne kreist, kennen die Entfernungen zwischen den Himmelskörpern und können sogar die Zusammensetzung der ehemals so geheimnisvollen Sonne bis in die letzte Einzelheit bestimmen. Wir haben den Mond betreten und sein Gestein unter dem Mikroskop betrachtet; wir wissen, warum Wind weht und Regen fällt, und wir sind uns im Klaren darüber, dass Erdbeben und Wirbelstürme keine Strafe Gottes, sondern das Ergebnis bestimmter geographischer, geologischer und meteorologischer Konstellationen sind. Unsere Ärzte heilen die meisten Krankheiten und besiegen durch Organverpflanzungen und den Einsatz von Maschinen mitunter den Tod. In einem Zeitraum von knapp hundert Jahren haben wir das Geheimnis des Menschen und seiner Existenz fast bis ins Allerletzte geklärt, so glauben wir wenigstens, und selbst die wenigen unerklärbaren Dinge erscheinen uns nicht länger geheinmisvoll oder mythisch verklärt, weil es nach unseren Erfahrungen für alles eine Erklärung geben muss. Es wurde bewiesen, dass Christus und die Propheten gelebt haben, dass tatsächlich eine Sintflut stattgefunden hat, und die Entstehung des Universums führen unsere Wissenschaftler nicht auf einen Mythos, sondern auf eine chemische und physikalische Kettenreaktion zurück. Wir leben in einer realen Welt und erkennen sie als einzige Wirklichkeit an.

Für die Indianer galt eine andere Wirklichkeit, gehörten Sonne, Mond und Sterne zu einer geheimnisvollen Geisterwelt, die mit menschlicher Logik nicht erklärt werden kann. Ein Erdbeben reißt den Boden auseinander, weil das Volk oder der Stamm verbotenerweise von einem heiligen Tier gegessen hat; ein Wirbelsturm braust über das Land, weil die Menschen ein Tabu verletzt haben; und eine Trockenheit bricht aus, weil die Geister zornig sind und ein Volk in den Tod treiben wollen. Ein Feuer zerstört die Wälder, weil die Menschen kein Opfer gebracht haben; und die Büffel bleiben aus, weil die Männer vor der Jagd nicht getanzt haben oder der Schamane seine magischen Kräfte verlor. Das Leben der Indianer war vom Wohlwollen der Geister abhängig, die alles Leben kontrollierten und jederzeit ihren Zorn an den Menschen auslassen konnten.

Die Vereinigung mit dem Universum und das Erfüllen von Gelübden, die dem Wohle des gesamten Stammes dienten, feierten die Lakota und Cheyenne beim Sonnentanz. Die tapfersten Krieger unterzogen sich einer schmerzhaften Mutprobe, um sich selbst oder einem anderen Menschen zu helfen. Zwölf Tage dauerte die Zeremonie, die mit umfangreichen Vorbereitungen und Reinigungsritualen begann und mit dem eigentlichen Tanz in der Zeremonienhütte endete. Im Schatten des heiligen Pfahls und des Bisonschädels, den Kopf mit einem Salbeikranz bedeckt, tanzten sie im heiligen Rauch des schwelenden

Sweetgrass. Für die letzten Stufen der Zeremonie ließen sich die tapfersten Männer kleine Holzpflöcke durch die Brust stoßen. Mit kräftigen Rohhautschnüren wurden Büffelschädel an die Pflöcke gebunden. Am letzten Tag waren die Krieger mit langen Seilen aus geflochtenem Büffelhaar an den heiligen Pfahl gebunden und tanzten so lange im Licht der brennenden Sonne, bis das Fleisch riss, und die Pflöcke zu Boden fielen. Das Opfer war vollbracht, der Krieger hatte die Macht von Wakan tanka erfahren.

Die Lakota haben niemals aufgehört, den Sonnentanz zu tanzen, auch wenn die körperlichen Opfer heute nicht mehr gebracht werden. Das zeitweise Verbot, Sonnentänze auf der Reservation zu veranstalten, wurde ignoriert. Ron Hawks nimmt seit seinem neunten Lebensjahr am Sonnentanz teil und gehört zu den wenigen Sundance Priests, die immer noch tief in der Tradition ihres Volkes verwurzelt sind. Jahrelang sammelte er Holz für die Sonnentanzhütte, half er den älteren Männer, das Feuer in Ganz zu halten. Erst dann wurde ihm erlaubt, die Schwitzhütte zu betreten. „Ich lernte, mich selbst zu verstehen", sagt Ron ernst, „auch damals schon. Mein Vater war ein geduldiger Lehrer und schenkte den größten Teil seines Besitzes her, als ich mein erstes Opfer gebracht hatte. Für mich steht der Sonnentanz vor allem für mein Gelübde. Ich habe damals vor Wakan tanka geschworen, den Hilfsbedürftigen immer zur Seite zu stehen. An dieses Versprechen habe ich mich gehalten. Ich lebe für dieses Gelübde und tanze auch heute noch für das Wohlergehen meines Volkes. Der Sonnentanz ist der Höhepunkt meines Jahres."

Weiße Besucher sind zu einem Sonnentanz nicht zugelassen. Auch wir dürfen nicht daran teilnehmen. Der Sonnentanz ist eine sehr persönliche Erfahrung, die nur ein Indianer machen kann. Öffentliche Sonnentänze, die von indianischen Scharlatanen angeboten werden, haben nichts mit der spirituellen Reise zu tun, die ein Mann bei einem echten Sonnentanz unternimmt.

„Die westliche Kultur kennt keine Werte und zerstört den Charakter eines Menschen", behauptet Albert Red Bear, den wir in Pine Ridge treffen. „Der Weg ist bequem, aber während wir ihn gegangen sind, haben wir unsere Identität verloren. Wir brauchen keine anderen Kulturen. Wir haben alles, was wir zum Leben brauchen, sogar einen Himmel, in den wir gehen können, wenn Wakan tanka uns auf die andere Seite ruft. Die Lakota haben ihre Gebote nie gebrochen. Sie leben im Einklang mit Mutter Erde und respektieren alle lebendigen Dinge. Die Menschen hatten die Wahl zwischen Geld und Religion, und wir haben uns für die Religion entschieden. Bei den Weißen war es umgekehrt. Sie verehren das Geld und haben sogar ihren eigenen Gott getötet. Das würden wir niemals tun. Wir verehren den Großen Geist!"

Sonnentanz. Beim Sonnentanz schwören die Krieger ein Gelübde.

Altar. Verzierte Bisonschädel stellen die Verbindung zu Wakan tanka her.

Heiliger Mann. Ron Hawks tanzt den Sonnentanz seit seiner Jugend.

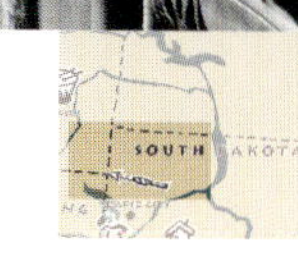

rapid city
BILDER AUS DER VERGANGENHEIT

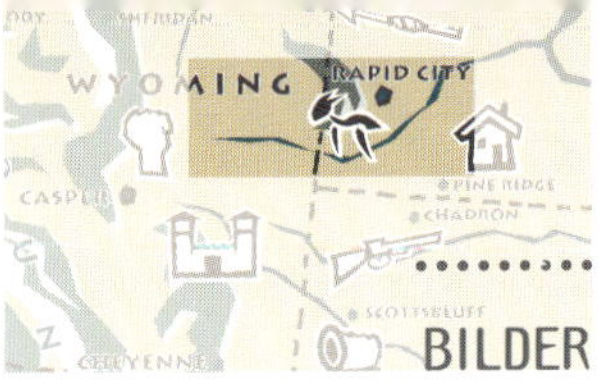

Badlands.
In den Badlands
in South Dakota
wohnen die Geister.

Auf dem scheckigen Indianerpony, die dunklen Haare zu einem Pferdeschwanz gebunden, sieht Charly Juchler beinahe selbst wie ein Indianer aus. Und irgendwie fühlt er sich auch so: „Seit frühester Kindheit hat mich die Kultur der nordamerikanischen Indianer auf eine spezielle Art berührt. Sie hat mein Leben geändert."

Der Schweizer wurde im Jahr 1963 in Winterthur geboren und war fünf Jahre als Maschinenmechaniker mit Greenpeace auf hoher See unterwegs, bevor er nach Amerika ging und in den ehemaligen Jagdgründen der Lakota-Indianer ein neues Zuhause fand. „Im Jahr 1987 nahm ich an einem Unterstützungsprojekt von Service Civil International teil", berichtet er, „eine Art moderner Entwicklungshilfe. Mein Aufgabengebiet lag in Rosebud und Pine Ridge, zwei der abgelegensten Sioux-Reservationen in South Dakota. Dort entwickelte ich eine tiefe Verbindung zu Land und Leuten."

„Chante Wakan" heißt sein kleines Reiseunternehmen in Rapid City. Zusammen mit indianischen Freunden organisiert er eine der wenigen Pauschalreisen, die kein idealistisch verklärtes oder esoterisch verzerrtes Bild der Lakota vermitteln sondern auf dem Respekt vor einer fremdartigen Kultur basieren. „Von den Lakota können wir viel lernen", sagt er, „besonders von ihren Wertvorstellungen gegenüber unserer Umwelt. Leider ist von diesem Wissen, dieser Philosophie und Spiritualität in den letzten hundert Jahren sehr viel verloren gegangen. Dennoch hat dieses Wissen überlebt. Wir finden es in diesem weiten Land der Bisons mit seinem ewigen Wind, dem Rauschen der Wälder in den Schwarzen Bergen und bei einigen Lakota, die es sich zur Aufgabe gemacht haben, das Erbe ihres Volkes aufrecht zu erhalten und mit anderen Menschen zu teilen. Einige dieser Menschen besuchen wir auf meinen Reisen. Wir lernen weise Männer und Frauen und begnadete Künstler der Lakota kennen."

Ron Hawks reagiert misstrauisch, als er vom Anspruch unseres Schweizer Freundes hört, erklärt sich aber bereit, auf eine mehrtägige Entdeckungsreise in die ehemaligen Jagdgründe seines Volkes zu gehen. Er möchte wissen, wie ein anderer Europäer die Lakota sieht. Bereits auf der Fahrt durch Rapid City erkennt er, wie respektvoll Charly über die Lakota spricht.

Monument. Seit vielen Jahrzehnten arbeiten die Baumeister am steinernen Monument von Crazy Horse.

In South Dakota trifft Ron Hawks befreundete Künstler, die in ihren Kunstwerken und Bildern die Vergangenheit mit der Gegenwart verknüpfen und während ihrer Arbeit die Geister ihres Volkes wiedertreffen.

„Ich merke sofort, ob ich mit einem Amerikaner oder einem Europäer spreche", sagt Ron Hawks später, „und nicht nur wegen des Akzents. Amerikaner sind oberflächlich. Sie interessieren sich nicht wirklich für unsere Kultur. Sie kommen auf ein Pow-wow, schießen ein paar Fotos und

Felsen.
Die Badlands blieben unberührt von der Zivilisation.

verschwinden wieder. Wenn sie eine Frage stellen, klingt die meistens ziemlich banal. 'Geht ihr noch mit Pfeil und Bogen auf die Jagd?' Das habe ich tatsächlich schon gehört. Viele Europäer interessieren sich ernsthaft für die Kultur der Indianer und wissen sehr viel darüber. Sie nehmen sich Zeit und bleiben oft tagelang bei einem Pow-wow." Als Ron eine sarkastische Bemerkung über Charlys Fahrstil macht und sein hintergründiges Lächeln zeigt, weiß ich, dass er unseren Freund akzeptiert. Wir lachen viel, und ich muss daran denken, wie ernst und verschlossen die Indianer in den meisten Hollywood-Filmen gezeigt werden. Von wegen, ein Indianer lacht nicht. Die Lakota und Cheyenne lachen ausgesprochen viel, und ihre sarkastischen Scherze haben viel von dem trockenen britischen Humor.

In einem Vorort von Rapid City stellt Charly uns eine der bekanntesten Künstlerinnen der Lakota vor. Sonja Holy Eagle, eine hübsche Frau mit klaren Augen und einem herzlichen Lachen, empfängt uns in ihrem Atelier, einer umgebauten Lagerhalle in einem Industrieviertel. Sie bemalt indianische Trommeln und Büffelhäute mit traditionellen und folkloristisch angehauchten Mustern. „Ich habe die Kultur meines Volkes immer geliebt", sagt sie schüchtern, „und ich möchte, dass sie erhalten bleibt. Ich freue mich, wenn ich ein bisschen dazu beitragen kann."

Sonja wurde in Eagle Butte geboren, einem kleinen Ort in South Dakota. Sie wuchs auf der Cheyenne River Reservation ihrer Mutter, einer Miniconjou, und der Pine Ridge Reservation ihres Vaters auf, eines Oglala. „Mein Vater war bei der Armee, deshalb lebte ich in vielen verschiedenen Orten, aber die Sommer verbrachte ich regelmäßig bei meinen Großeltern. Sie waren sehr traditionell geprägt, und ich fühlte mich sehr wohl bei ihnen. James Holy Eagle, mein Großvater, war ein Medizinmann." Ihr künstlerisches Talent entdeckte sie bereits als Kind. Sie zeichnete viel und verzierte ihre Pow-wow-Kleidung mit bunten Glasperlen. Später arbeitete sie viel mit Leder. Sie arbeitete zwölf Jahre für eine Computerfirma, bevor sie sich selbständig machen und sich ganz ihrer Kunst widmen konnte. Inzwischen führt sie eine kleine Firma, die Dakota Drum Company, und vertreibt ihre Trommeln überall in den

Interaktiv. Im Journey Museum von Rapid City wird die Kultur der Indianer anschaulich vermittelt.

Red Sonja Sonja Holy Eagle gehört zu den bekanntesten Künstlerinnen in South Dakota.

westlichen USA. Besonders stolz ist sie auf ihren kleinen Auftritt in dem Hollywood-Film „Der mit dem Wolf tanzt", „aber das war wirklich nur eine winzige Rolle!"

Seit zehn Jahren ist sie mit David Hansen zusammen, einem Händler, der ihr auch die Büffelhäute und das Holz für die Trommeln besorgt. „Ich schabe die Büffelhäute wie meine Vorfahren im 19. Jahrhundert", berichtet Sonja, „auch die ursprüngliche Art, die Häute mit dem Hirn der Tiere zu gerben, habe ich beibehalten. So werden die Häute haltbarer."

Eine bemalte Büffelhaut kostet zwischen zwei- und dreitausend Dollar. Sonja hat zahlreiche Preise für ihre Arbeit bekommen und verkauft ihre Kunstwerke in den führenden Galerien des Westens. Auch die Trommeln, die je nach Größe zwischen vierzig und viertausend Dollar einbringen, werden dort vertrieben. Die fantasievollen Ornamente bestechen durch ihre leuchtenden Farben. „Ich vermische traditionelle Muster mit neuen Formen und Farben, die meiner Fantasie entspringen", sagt Sonja, „auch indianische Kunst darf nicht stehen bleiben. Die Kunst ist ein wichtiger Teil unserer Kultur. Ohne sie würde das indianische Erbe nicht überleben."

Ron interessiert sich vor allem für die bemalten Büffelhäute. In seinen leuchtenden Augen sehe ich Bilder aus der Vergangenheit, ein Dorf der Lakota. Krieger, die von der Jagd zurückkehren. Arbeitende Frauen. Spielende Kinder. Ein weißhaariger Krieger, der vor einer aufgespannten Büffelhaut sitzt und bunte Muster auf das weiche Leder malt.

„Winter Counts" nannte man die bebilderten Kalender der Lakota, kunstvolle Zeugnisse einer fast vergessenen Kultur, die auch heute noch auf das Jahr genau zu bestimmen sind. Stammeschroniken von unschätzbarem Wert. „Ich kannte Ihren Großvater", sagt er zu Sonja. „James Holy Eagle war ein weiser Mann. Er hat eine sehr begabte Enkelin."

Der Weg zu James „Jim" Mark Yellowhawk, einem progressiven Künstler der Lakota, den Charly schon vor einigen Jahren kennen gelernt hat, führt durch die heiligen Schwarzen Berge der Sioux. Ausgerechnet hier steht das größte Denkmal der amerikanischen Demokratie: der Mount Rushmore. In den Jahren 1927 bis 1941 hämmerte und sprengte der Bildhauer Gutzon

Rapid City.
Im Pickup durch die Hauptstadt von South Dakota.

Jim Yellowhawk
Der junge Indianerkünstler provoziert mit bemalten Regenschirmen und bedruckten T-Shirts.

Easy Rider
Motorrad-Kunst auf Indianerart – ein Kunstwerk von Jim Yellowhawk.

Kontraste:
Einarmige Banditen im Indianerland – und außerhalb der Stadt lockt die unberührte Natur.

Borglum die monumentalen Köpfe der Präsidenten George Washington, Thomas Jefferson, Theodore Roosevelt und Abraham Lincoln aus einem Granitberg. Jedes Gesicht misst achtzehn Meter von der Stirn bis zum Kinn. Allein die Nasen sind sechs Meter hoch. Der Bildhauer wollte die Ideale der amerikanischen Regierung dokumentieren. George Washington steht für den Kampf um die Unabhängigkeit, Thomas Jefferson für die Eroberung des Westens, Abraham Lincoln für die Einheit der Nation und die Gleichheit ihrer Bürger, Theodore Roosevelt für Reformprojekte.

Die Lakota mögen dieses Denkmal aus verständlichen Gründen nicht, und auch Ron Hawks raucht lieber eine Zigarette, als sich den überlebensgroßen Köpfen zu nähern. Angeblich, weil er schon mehrfach davor stand. „Ich finde es gut, dass nur wenige Meilen von diesem Denkmal entfernt ein neues Monument entsteht, diesmal für einen der fähigsten Anführer der Lakota: Crazy Horse." Das klingt beinahe wie ein offizielles Statement. Charly versichert ihm, dass der Crazy Horse Mountain genauso zu seinem Reiseprogramm gehört wie der Mount Rushmore, obwohl von dem überdimensionalen Häuptling erst der Kopf zu sehen ist.

Die gigantische Statue wird aus einem Granitfelsen im Süden der Black Hills gesprengt und gemeißelt und ist noch lange nicht fertig. „Ich mag Denkmäler überhaupt nicht", gibt Charly zu, „schon gar nicht solche riesigen Monumente, aber ich muss zugeben, dass ich jedes Mal beeindruckt bin, wenn ich vor dem Mount Rushmore oder dem Crazy Horse Mountain stehe. Wenn schon ein Denkmal für einen Indianer, dann für Crazy Horse. Er wurde beinahe zu einer mythischen Figur, und ich glaube, es ist sehr wichtig für die Lakota, dass sie zu ihm aufblicken können."

Henry Standing Bear, ein Häuptling der Lakota, hatte bereits im Jahr 1939 den Bildhauer Korczak Ziolkowski gebeten, die Statue von Crazy Horse zu errichten: „Der Weiße Mann soll wissen, dass auch der Rote Mann große Helden hatte."

Von 1949 bis 1982 arbeitete der Bildhauer aus New England an der gigantischen Skulptur, seit seinem Tod führt seine Familie die Arbeiten fort. Das Projekt wird allein durch Spenden und Eintrittsgelder finanziert. Über acht Millionen Tonnen Fels wur-

Kunsthandwerk. Indianisches Kunsthandwerk wie kleine „Traumfänger" und anderer Haarschmuck stehen auch bei weißen Besuchern hoch im Kurs.

den bereits aus dem Berg gesprengt, seit einigen Jahren ist das Gesicht des Häuptlings sichtbar. Wie lange die Arbeiten noch dauern werden, vermag niemand zu sagen. Nur eines ist schon sicher: Nach der Einweihung wird der Crazy Horse Mountain die Präsidentenköpfe am nahen Mount Rushmore um ein Vielfaches überragen.

Wir kehren auf Nebenstraßen in die Black Hills zurück, fahren über die Wildlife Loop Road durch den Custer State Park und erkennen die Bilder, die Ron Hawks in unzähligen Träumen gesehen hat. Das endlose Grasland, wogend wie ein Ozean im frischen Wind, vereinzelte Cottonwoods und der weite Himmel, der sich über den fernen Wäldern der Black Hills verliert. Über 1500 Büffel haben in dem Naturschutzgebiet eine Heimat gefunden, die größte Bisonherde der Vereinigten Staaten. Jährlich werden über 500 Kälber geboren. Wir spüren ein paar hundert der zottigen Tiere in einer Senke auf und denken an die Zeit, als tollkühne Jäger auf wendigen Ponies über die Hänge sprengten und mit erhobenen Lanzen in die Herden ritten. Die Büffelkultur der Prärie-Indianer, von den weißen Eindringlingen für immer zerstört. „Der Weiße Mann hat nur eines seiner vielen Versprechen gehalten", sagte der legendäre Rote Wolke einmal, „er hat versprochen, unser Land zu stehlen, und er hat es gestohlen!"

Jim Yellowhawk und seine Frau erwarten uns in ihrem achteckigen Haus. Viel Glas und gebeiztes Holz in einem versteckten Winkel der Black Hills, ein Juwel, das in Europa kaum zu bezahlen wäre. Auf dem Küchentisch leckerer Kuchen und heißer Kaffee. Ron fühlt sich sichtlich unwohl in dieser modernen Umgebung, ist sein Wohnmobil und die Holzhäuser seiner Verwandten auf der Pine Ridge Reservation gewöhnt. Auch mit der Kunst des jungen Cheyenne River Sioux kann er wenig anfangen und gibt das auch zu. „Ich bin ein traditioneller Indianer", sagt er, „und ich glaube nicht, dass unsere heiligen Symbole auf T-Shirts gedruckt werden sollten." Jim hält ihm entgegen: „Ich will mit meiner Kunst möglichst viele Menschen erreichen, und ich freue mich, wenn Leute über ein T-Shirt zu unserer Kultur finden. Auch die christliche Kirche wirbt auf T-Shirts und Plakaten."

Der zweiundvierzigjährige Künstler wurde in Rapid City geboren und ging in Pierre und Eagle Butte zur Schule. Am Marion College in Indiana studierte er moderne Kunst. Auch er vermischt traditionelle und moderne Muster, ohne dabei seine indianischen Wurzeln zu vergessen. Ein kleiner Rundgang durch sein Haus macht uns mit seinen Techniken bekannt. Da hängt eine Collage aus verfremdeten Fotografien und historischen Zeitungsausschnitten mit dem Titel „Resurrection", eine Aufarbeitung der „Auferstehung" indianischer Kinder, die in den Internaten an der Ostküste zu Weißen umerzogen wurden. „Snagging In The Rain" ist der mit leuchtenden Acrylfarben bemusterte Regenschirm benannt. Das Gemälde „Star World" ehrt traditionelle Symbole wie den Adler, den Büffel und den heiligen Kreis des Lebens. Ein Kunstwerk, mit dem auch Ron sich anfreunden kann. Das Plakat der Black Hills Pow Wow and Art Expo 1997, das Jim gemalt und gestaltet hat, heißt „Intertribal! Everybody Dance". Der traditionelle Tanz gehört zu seinen großen Hobbys.

Jim, ein begeisterter Biker, hat sogar Motorräder bemalt. „Ich versuche, was anderes zu machen", meint er lächelnd, „deshalb wird es mir nie langweilig." Die vielen Preise, die er für seine Arbeiten erhalten hat, bestätigen diese Behauptung. Seine Frau Ruth und sein Sohn Gabriel Lucas sind stolz auf ihn und wissen es zu schätzen, abseits der Dritten Welt von Pine Ridge in einem modernen Waldhaus zu wohnen.

„Ich versuche einiges von dem Talent und dem Glück, mit dem ich beschenkt worden bin, an junge Indianer weiterzugeben", verspricht Jim, „denn nur wenn unsere Kultur am Leben bleibt, haben die Lakota eine Chance." Ähnliche Worte hat Sonja Holy Eagle gesprochen. „Für die Lakota ist alles eine Frage des Überlebens", sagt Ron, als wir das Haus verlassen und mit Charly nach Rapid City zurückfahren.

Schweizer Charly Juchler (linke Spalte) in der Heimat von Ron Hawks.

pine ridge
„UNSERE HERZEN LIEGEN IM STAUB!"

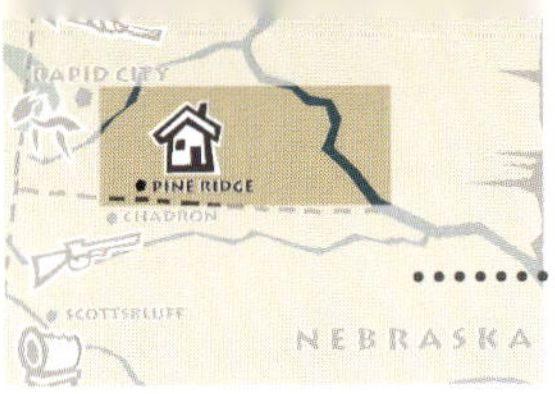

Big Foot.
Nach dem Massaker am Wounded Knee wurde die erfrorene Leiche von Big Foot gefunden.

Am Wounded Knee, der viel zitierten Biegung des Flusses, beklagt Ron Hawks die Frauen und Kinder, die bei einem Massaker im Kugelhagel der weißen Soldaten starben und in einem Massengrab bestattet wurden.

Auf der Pine Ridge Reservation an der Grenze zwischen South Dakota und Nebraska werden wir mit der bitteren Gegenwart konfrontiert. Über drei Viertel aller Oglala Lakota sind arbeitslos und auf Sozialhilfe angewiesen. Hier gibt es wenig Hoffnung, und vielen Lakota bleibt nur die Flucht in den Alkohol. „Den Oglala Lakota geht es schlecht", sagt Albert Red Bear, dessen fröhliche Augen mich an Kicking Bird in dem Film „Der mit dem Wolf tanzt" erinnern. Er ist seit einigen Jahren mit Ron Hawks befreundet und erwartet uns in einem Tankstellen-Imbiss in Pine Ridge. Wir essen schlechte Hamburger und sind von enttäuschten Arbeitslosen und bettelnden Kindern umgeben. Ein Ort der Dritten Welt, überall Armut und Schmutz. Die Verzweiflung der Menschen ist fast körperlich zu spüren. Vor den Zapfsäulen prügeln sich zwei Jugendliche. „Wir führen einen täglichen Kampf ums Überleben", fährt er fort, „aber was sollen wir tun, wenn die Essensmarken nur noch drei Jahre ausgegeben werden? Auf der Reservation gibt es kaum Arbeit! Wir sind in einem Teufelskreis."

Wir tanken den Wagen auf und fahren durch Pine Ridge. Die kleine Stadt könnte auch in Äthiopien oder Angola liegen. Die flachen Häuser sind schmutzig, von den Telegrafenmasten hängen die Plakate vom letzten Pow-wow. Vor dem Supermarkt bettelt ein alter Mann, dessen Gesicht mich an das Foto des alten Sitting Bull erinnert. Ron Hawks steckt ihm einige Dollar zu. Er ist ein reicher Mann, verglichen mit den armseligen Gestalten, denen wir in Pine Ridge begegnen. Fast schämen wir uns für unser gesundes Aussehen und die saubere Kleidung. „Man sollte diesen armen Leuten kein Geld geben", sagt Ron, als spräche er über ein fremdes Volk und nicht über die Angehörigen seines Stammes, „die meisten vertrinken es nur. Auf der Reservation ist der Verkauf von Alkohol streng verboten, aber die Leute finden immer Mittel und Wege, um an billigen Schnaps zu kommen."

Ron packt seinen Wagen voller Lebensmittel, wenn er seine Verwandten besucht. Nudeln, Fertiggerichte, Kaffee, Zucker, Mehl. Auch diesmal hat er seinen Van wieder voll beladen. Natürlich haben wir uns beteiligt, doch was nützen alle Geschenke, wenn die Not in einigen Tagen von neuem beginnt? Die Regierung hätte längst etwas unternehmen müssen. Neue Arbeitsplätze müssen geschaffen werden, die Indianerpolitik muss gründlich überdacht und eine Sozialhilfe nach europäischem Muster eingeführt werden, aber das ist leichter gesagt, als getan. Wie kann man die Bundesregierung verantwortlich machen, wenn die eigene Stammesregierung bestechlich

Wounded Knee. Vor dem Massengrab am Wounded Knee betet Ron Hawks für seine toten Vorfahren.

Basketball. Indianerkinder spielen für eine bessere Zukunft in Pine Ridge.

ist und in die eigene Tasche wirtschaftet? Viele arbeitslose Indianer sind zu müde oder zu träge, sich eine Arbeit außerhalb der Reservation zu suchen. Die Indianer taugen nichts, sagen die Weißen in Rapid City. Sie wollen nicht arbeiten. Die bittere Wahrheit ist, dass viele Lakota nicht mehr die Kraft aufbringen, einen neuen Anfang zu wagen.

Über einen schmalen Highway fahren wir nach Norden. Hinter uns bleiben die letzten Baracken von Pine Ridge zurück. Zu beiden Seiten der Straße erstreckt sich flaches Land, alle paar hundert Meter eine Hütte, eine verbarrikadierte Futterstelle und eingezäunte Weiden. Im Sommer weiden hier Rinder, die „gefleckten Büffel" des Weißen Mannes. Ein großer Teil des Weidelandes wurde an weiße Rancher und Farmer verpachtet, die von der Notlage der Lakota profitieren und eine viel zu niedrige Gebühr für die Nutzung zahlen. Jetzt ist Winter, und das von einer verkrusteten Reifschicht überzogene Land wirkt so unwirtlich wie an jenem schicksalhaften 29. Dezember 1890, als sich das endgültige Schicksal der Lakota am Chankpe Opi Wakpala entschied, dem Fluss, den die Weißen „Wounded Knee" nennen.

Wir parken unterhalb des Hügels, auf dem das Massengrab für die über 250 Männer, Frauen und Kinder ausgehoben wurde, die in einem der blutigsten Massaker der Indianerkriege von den Soldaten der Seventh Cavalry ermordet wurden. Böiger Wind begleitet uns auf dem Fußmarsch zu dem steinernen Denkmal. Am Eingang des Friedhofs hängen bunte Bänder, traditionelle Opfergaben der Indianer, die über dem Grab ihrer Vorfahren mit Wakan tanka gesprochen haben. Ron Hawks hebt seine Arme und stimmt ein heiliges Lied an. „Auch einige meiner Verwandten liegen in diesem Massengrab", sagt er später. Seine Stimme zittert immer noch. „Das stimmt mich traurig. Aber ich verstehe auch, wie es zu diesem Massaker kam. Die Siebte Kavallerie wollte Rache für Little Bighorn. 'Du kannst die Siebte nicht zerstören', hatte es immer geheißen, aber Sitting Bull und Crazy Horse hatten es geschafft, und diese Niederlage machte der Armee schwer zu schaffen. Big Foot hielt eine weiße Flagge in der Hand, als er erschossen wurde, so wurde es mir von meinen Großeltern berichtet. Die Soldaten

Reservation. Die trostlosesten Landstriche der USA wurden den Indianern überlassen.

Alltag. Ein Großteil der Indianer lebt von der Sozialhilfe, zu viele Jugendliche sind dem Alkohol verfallen.

Weiße. Viele Amerikaner begegnen den Indianern noch immer mit Unverständnis.

vermuteten, dass er nach einer Waffe griff. Als er das weiße Tuch herauszog, wurde er ermordet! So hat es sich zugetragen, auch wenn die meisten weißen Historiker etwas anderes behaupten. Geschichtsbücher erzählen selten die Wahrheit. Oder sollten die Soldaten sagen, dass sie das Feuer aus Rache eröffnet hatten? Die überlebenden Indianer wurden kaum gefragt, aber ich kenne die Wahrheit."

Wir stehen lange auf dem Hügel und spüren den eisigen Atem des Wintergeistes. Der frostige Wind kommt aus dem Norden und berichtet von den Frauen und Kindern, die an diesem heiligen Ort für Custers Niederlage büßen mussten. Wir hören ihr Weinen und Flehen, ihre verzweifelten Schreie und den ohrenbetäubenden Lärm der Kanonen und Gewehre. Wir blicken über den Hügel und in das Tal hinab, in dem sich das Schicksal der Sioux entschied. Es gibt kein Museum und kein großes Mahnmal, nur einen kleinen Souvenirstand, der im Sommer von jungen Sioux betrieben wird. Man hat sich nie über ein Mahnmal einigen können. Außer dem Grabstein über dem Massengrab und einem schlichten Hinweisschild erinnert nichts an jenen blutigen Wintertag. Damals sah es hier nicht viel anders aus. Der Hügel, der Schnee, die Cottonwoods an der Biegung des Flusses. „Damals lagen die Herzen unseres Volkes im Staub", sagt Ron.

Bevor es zum entscheidenden Massaker am Wounded Knee kam, schöpften die Sioux auf den Reservationen noch einmal Hoffnung. Wovoka, ein indianischer Prophet, lehrte sie den Geistertanz und versprach die Rückkehr der Büffel und den Tod aller Weißen, wenn sie bis zur Erschöpfung tanzten. Siting Bull war ermordet worden. Es gab kaum noch etwas, an das sich die Indianer klammern konnten. Also zogen sie die hellblauen Geisterhemden an, die angeblich vor den Kugeln der Soldaten schützen sollten, und tanzten bis zum Umfallen. „Die Weißen hatten Angst und holten Soldaten", sagte Red Cloud. „Wir hatten um unser Leben gebettelt, und die Weißen dachten, wir trachteten nach dem ihren. Wir wussten, dass die Soldaten kamen. Wir hatten keine Angst. Wir hofften, wir würden ihnen unseren Kummer mitteilen können, und sie würden uns helfen. Ein Weißer sagte, die Soldaten wollten uns töten. Wir glaubten ihm nicht."

Nachschub. In einem Supermarkt in Pine Ridge kauft Ron Hawks für seine Verwandten ein.

Sozialhilfe. Ron Hawks hilft seiner bedürftigen Schwester. Sie lebt von der Sozialhilfe.

Big Foot gehörte zu den Häuptlingen, die als Unruhestifter geführt wurden und verhaftet werden sollten. Als ihm einige Hunkpapa berichteten, dass Sitting Bull ermordet worden war, zog er mit 120 Männern und 230 Frauen und Kindern seines Mincoujou-Stammes nach Pine Ridge, weil er glaubte, bei Red Cloud relativ sicher zu sein. Er war krank, und die Kälte setzte ihm so stark zu, dass Blut aus seiner Nase tropfte. Major Samuel Whitside erschien mit einem Trupp der Siebten Kavallerie und befahl dem Häuptling, zum Wounded Knee zu ziehen, wo sie entwaffnet und verhaftet werden sollten. Er stellte dem kranken Häuptling sogar einen Ambulanzwagen zur Verfügung. Whitside begleitete die Indianer mit vier Kavallerie-Einheiten zum Wounded Knee. Dort kampierten weitere Soldaten.

Es war der 28. Dezember 1890. Man beschloss, die Krieger erst am nächsten Morgen zu entwaffnen, versorgte die Indianer mit Lebensmitteln und stellte ihnen sogar Zelte zur Verfügung. Zwei Kompanien bewachten das Lager, auf einem nahen Hügel waren zwei Hotchkiss-Kanonen postiert. Spätabends erschien Colonel James W. Forsyth mit der restlichen Siebten. Er hatte Anweisung, Big Foot und seine Leute festzunehmen und in das Militärgefängnis von Omaha zu überführen. Zwei weitere Kanonen wurden aufgestellt. Colonel Forsyth übernahm den Oberbefehl.

Am Morgen des 29. Dezember wurden die Indianer entwaffnet. Ihre Gewehre wurden auf dem Boden gestapelt. Wütend durchsuchten die Soldaten das Lager nach versteckten Waffen. Bei einem jungen

Niederlage. Am Wounded Knee erlitten die Lakota ihre bitterste Niederlage.

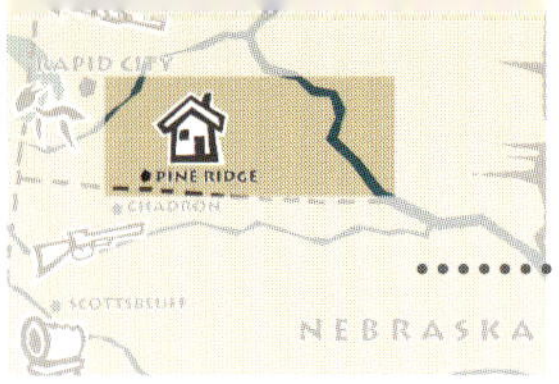

Ehrengaben. Bunte Bänder und kleine Flaggen ehren die Toten am Wounded Knee.

Krieger, der sich Black Coyote nannte, fanden sie ein Gewehr. Angeblich war der Mann taub. Dewey Beard, ein Überlebender des Massakers, berichtete: „Wenn die Soldaten ihn in Ruhe gelassen hätten, hätte er sein Gewehr abgegeben. Sie packten ihn und wirbelten ihn herum. Auch in diesem Augenblick blieb er ruhig. Er richtete sein Gewehr auf niemanden. Er wollte es auf den Boden legen. Da packten sie das Gewehr, und ein Schuss löste sich. Ich weiß nicht, ob jemand getroffen wurde, aber es folgte ein lautes Krachen."

Die Soldaten gerieten in Panik. Major Samuel Whitside ließ die beiden Hotchkiss-Kanonen auf die wehrlosen Indianer abfeuern. Über 250 Indianer, meist Frauen und Kinder, starben im Kreuzfeuer der weißen Soldaten.

„Wir versuchten fortzulaufen", berichtete Louise Weasel Bear, eine Überlebende, „doch sie schossen auf uns, als wären wir Büffel. Ich weiß, daß es auch gute Weiße gibt, doch Soldaten, die auf Frauen und Kinder schießen, müssen böse sein." Und Black Elk sagte viele Jahre später: „Wenn ich heute von dem hohen Berg meines Alters zurückblicke, kann ich die niedergemetzelten Frauen und Kinder so deutlich liegen sehen, wie ich sie sah, als meine Augen jung waren. Ich kann sehen, daß noch etwas anderes im blutigen Schlamm starb und vom Schnee begraben wurde: Der Traum eines Volkes starb dort."

„Ich lief weg und folgte den Flüchtenden", berichtete Hakiktawin, eine andere Überlebende, „Mein Großvater, meine Großmutter und mein Bruder wurden getötet, und dann schlug eine Kugel durch meine rechte Hüfte und traf mein rechtes Handgelenk. Ich konnte nicht weiter, weil ich nicht mehr laufen konnte, und nachdem der Soldat mich getroffen hatte, kam ein kleines Mädchen zu mir und kroch unter meine Decke." Auch dieses kleine Mädchen überlebte. Es wurde mit den Verwundeten nach Pine Ridge gebracht und

Miteinander. Nur gemeinsam können Indianer und Weiße in South Dakota etwas erreichen.

verbrachte den Jahreswechsel in einer kalten Kirche. Wegen eines eisigen Schneesturms, der am selben Abend über Pine Ridge tobte, wurden die Toten am Wounded Knee erst viele Tage später in einem Massengrab bestattet."

Rons Schwester wohnt in Manderson, nur wenige Meilen von Wounded Knee entfernt. Ein winziges Dorf aus Regierungshäusern und Baracken, noch schäbiger als Pine Ridge und Wounded Knee, der Ansammlung von Häusern oberhalb des Massakerplatzes. Der schmutzige Wassertümpel ist zugefroren. Jennifer Yankton lebt abseits der Hauptstraße und ist ziemlich verwirrt, als wir mit ihrem Bruder vor der Tür stehen. „Überraschung", grinst Ron. Wir werden ins Haus gebeten und sind entsetzt, unter welchen Bedingungen die junge Indianerin mit ihrem zehnjährigen Sohn leben muss. Preston und zwei Freunde hängen auf einem zerfledderten Sofa und starren auf den flackernden Bildschirm eines altersschwachen Fernsehers. Zigarettenrauch hängt in dichten Schwaden im einzigen Zimmer. Die Küche ist unaufgeräumt, und die bunte Cornflakes-Packung wirkt wie ein Fremdkörper zwischen den leeren Dosen und aufgerissenen Packungen auf dem Resopaltisch.

Der Kaffee, den wir mitgebracht haben, wird sofort geöffnet. Wir retten uns in belanglosen Smalltalk, berichten von unserer Reise und kommen nur ganz allmählich auf die Probleme zu sprechen.

Dann sprudelt es aus Jennifer heraus: „Ich bin allein, verdammt! Ich lebe allein mit meinem Sohn. Mein Mann ist längst abgehauen. Ich muss Preston allein aufziehen, und das ist schlimm genug. Ich weiß nicht, warum es mir so dreckig geht. Ich hab immer Pech gehabt in meinem Leben! Jetzt lebe ich von der Sozialhilfe. Ich krieg Essensmarken, die sind ungefähr hundert Dollar wert. Damit komm' ich nicht weit. Insgesamt krieg' ich 350 Dollar. Das ist nicht viel. Hundert gehen für die Food Stamps drauf, siebzig Dollar zahl' ich Miete, und für Strom, Gas und das verdammte Telefon muss ich auch noch zahlen. Rechne's dir aus! Kinder kosten viel Geld! Wenn ich meine Mutter nicht hätte, wär' ich längst den Bach' runter gegangen. Sie steckt mir was zu. Die alte Couch hat sie auch organisiert. Wie es soweit kommen konnte? He, ich bin kein Einzelfall! Was bleibt dir anderes übrig, als von der Wohlfahrt zu leben, wenn du in der High School schwanger bist? Ne, hier gibt's keine Zukunft für mich! Auf Pine Ridge müsste sich eine Menge ändern, vorher passiert nichts!"

Von Ron erfahren wir dann, dass seine Schwester dem Alkohol verfallen ist. „So geht es vielen Menschen hier." Es liegt kaum noch Bedauern in seiner Stimme.

Lavern Yankton, ein anderer Verwandter, ist von der Flasche losgekommen: „Ich trinke schon seit dreißig Jahren nicht mehr", berichtet der alte Mann stolz, als wir in seiner Küche sitzen. In seinem Haus sieht es noch schmutziger aus als bei Jennifer. Lavern schert das nicht. „Ich war auf Entzug. Seitdem arbeite ich als Hausmeister in der Schule. Auf Pine Ridge wird viel getrunken. Besonders die jungen Leute verfallen dem Alkohol. Es ist zu langweilig. Es gibt kaum Hoffnung. Indianer reagieren anders auf Alkohol, weißt du, sie sind viel schneller betrunken. Das ist ein Fluch!"

Mit der Dämmerung verlassen wir Manderson und fahren nach Pine Ridge zurück. Ron erzählt von seiner Jugend, als die monatliche Fahrt zum Handelsposten noch ein großes Abenteuer war. „Wir fuhren mit dem Pferdewagen, brauchten einen Tag hin und einen Tag zurück."

Aber wir sind mit unseren Gedanken immer noch bei Lavern Yankton, der uns die Stelle verraten hat, wo das Herz von Crazy Horse begraben liegt. „Nachdem er ermordet wurde, haben es seine Verwandten nach Pine Ridge gebracht und hier ganz in der Nähe begraben. Wenn es Frühling wird, reitet sein Geist über die Prärie und gibt uns die Kraft, den Alltag zu überleben!"

Das Herz des legendären Häuptlings, das an der Biegung des Flusses begraben wurde. Die einzige Hoffnung der Oglala Lakota. Als wir auf der Erde stehen, die sein Grab markiert, ein unscheinbarer Hügel ohne Grabstein, glauben wir seinen gellenden Kriegsruf zu hören: „Hokahey, dies ist ein guter Tag zum Sterben!" Aber es ist nur der Wind, der in den nahen Bäumen rauscht und von besseren Zeiten erzählt.

Jugend. „In meiner Jugend war die Fahrt zum Handelsposten ein Abenteuer", erzählt Ron Hawks.

Supermarkt. Die wenigsten Lakota haben genug Geld, um täglich im Supermarkt einkaufen zu können.

fort

robinson
DIE FLUCHT DER CHEYENNE

fort robinson

Anführer. Little Wolf (links) und Dull Knife führten die Cheyenne nach Norden.

In Fort Robinson gedenkt Ron Hawks der unglücklichen Cheyenne unter Dull Knife, die auf ihrer Flucht nach Norden gefasst, in eine kalte Baracke gesperrt und bei einem Ausbruchsversuch erschossen wurden.

Wir fahren nach Nebraska hinein. Am Himmel hängen graue Wolken, und der scheinbar endlose Highway verliert sich zwischen weiten Feldern und vereinzelten Dörfern. Das Land ist flach. Ron raucht eine Zigarette nach der anderen und hält an jeder einsamen Tankstelle, um seinen Kaffeebecher aufzufüllen. Zum ersten Mal seit mehreren Tagen haben wir das Radio eingeschaltet. Irgendein kleiner Sender mit langweiliger Musik, dazwischen ein Bericht von der Viehauktion in Omaha, der Geburtstagsgruß einer greisen Farmersfrau und der Wetterbericht, der wenig Besserung verspricht. Ron würgt den Sender mit einer Kassette ab, und mir schallt überlautes Pow-wow-Getrommel um die Ohren. Koda beklagt sich jaulend, Ron lässt sich erweichen und dreht das Radio leiser. „Ich mag Nebraska nicht", sagt er schlecht gelaunt, „hier gibt es wenig gute Erinnerungen."

Am frühen Nachmittag erreichen wir Chadron. Wir quartieren uns im Days Inn ein und fahren nach Fort Robinson weiter, dem Schauplatz tragischer Ereignisse in

Cheyenne. Im Optimismus der Jugend liegt die Hoffnung der Cheyenne.

Widerstand. Die Cheyenne widerstanden der Willkür der weißen Sieger und verließen die Reservation.

der Geschichte der Lakota und Cheyenne. Der Stützpunkt wurde zur Bewachung der Red Cloud Agency eingerichtet, die im Sommer 1873 in der Nähe des White Rivers für die unterlegenen Sioux eingerichtet worden war. Red Cloud, Man-Afraid-Of-His-Horse und ihre Oglala hatten sich den Weißen ergeben und versuchten, in der neuen Reservation den Weg des Weißen Mannes zu gehen. Die Krieger fanden sich nur widerwillig mit der neuen Situation ab, und es kam häufig zu Schießereien zwischen den Indianern und weißen Angestellten der Agentur. Um die Sicherheit der Weißen zu gewährleisten, auch der Siedler, wurden vier Kompanien Infanterie und eine Kavallerie-Einheit bei der Red Cloud Agency postiert. Das Camp, das sie am 29. März 1874 errichteten, wurde zu Ehren von Lieutenant Levi Robinson benannt, der in einem Kampf gegen die Sioux gefallen war. Erst vier Jahre später wurde aus dem Camp ein befestigtes Fort. Es bestand bis ins Jahr 1948 und diente nach dem Zweiten Weltkrieg als Kriegsgefangenenlager. „Auch deutsche Soldaten waren hier", beantworte ich die unausgesprochene Frage von Ron Hawks, „sie wurden in derselben Gegend festgehalten wie Red Cloud und seine Oglala."

Von zwei Blockhäusern werden wir auf magische Weise angezogen. Das Guardhouse und das Adjutant's Office wurden nach den alten Plänen aus dem Jahr 1875 originalgetreu wieder aufgebaut. Vor den Gebäuden liegt zentimeterhoch der Schnee. Ron hängt sich eine Wolldecke über die Schultern und bleibt minutenlang in der Kälte stehen. Er hält den Kopf gesenkt und betet leise.

Seine Trauer ist echt, denn dies ist der Platz, an dem Crazy Horse starb. Tashunka Uitko, der legendäre Anführer der Oglala Lakota. Auch er hatte sich wenige Monate nach der Schlacht am Little Bighorn mit seinen Leuten ergeben müssen und war zu Red Cloud auf die Reservation gezogen. Dort erfüllte sich eine tragische Vision, die er schon als junger Mann gehabt hatte. Er wurde am 6. September 1877 von einem Soldaten mit dem Bajonett hinterrücks erstochen und brach blutend vor dem

Zivilisation. Die Eisenbahn brachte landhungrige Siedler und Abenteurer nach Westen.

Freiheit. Viele Lakota hatten der Freiheit abgeschworen und siechten auf der Reservation dahin.

Guardhouse zusammen. Er starb kurze Zeit darauf im Büro des Adjutanten.

Ein gewaltsamer Tod war die einzige Möglichkeit für Crazy Horse, einem unwürdigen Lebensabend auf der Reservation zu entkommen und als strahlender Held in die Geschichte zu reiten. Er war unter einem fadenscheinigen Vorwand von der Indianerpolizei der Red Cloud Agency festgenommen worden, ausgerechnet von Little Big Man, seinem langjährigen Freund, und wurde nach Fort Robinson gebracht, um dort mit Major Bradley zu sprechen. Das Gespräch mit dem Kommandanten war ihm zugesagt worden und wäre auch bitter nötig gewesen, denn die Stimmung auf der Reservation war eindeutig gegen den ehemaligen Kriegshäuptling der Oglala gerichtet, und sogar die meisten Indianer und ehemalige Verbündete wie Red Cloud und Man-Afraid-Of-His-Horse wollten seine Gefangennahme. Die jungen Männer auf der Reservation bewunderten Crazy Horse, idealisierten ihn als letzten freien Krieger, der berühmte Blauröcke wie Crook und Custer in die Schranken gewiesen hatte. Er sorgte für Unruhe, und wenn er blieb, war der Frieden auf der Red Cloud Agency in Gefahr. Das wussten auch die Soldaten, die seine Festnahme befahlen. Crazy Horse gehorchte widerwillig und verlor erst die Beherrschung, als Major Bradley es ablehnte, mit ihm zu sprechen. Er zog ein Messer und wurde von Little Big Man an beiden Armen festgehalten. Wie in seinem Traum vorweggenommen, trat ein junger Soldat mit seinem Bajonett vor und traf ihn in die Nieren. Der letzte große Anführer der Oglala Lakota brach blutend auf dem Paradeplatz zusammen und wurde von den Soldaten ins Büro des Adjutanten gebracht.

Der tragische Tod von Crazy Horse war nicht der einzige unrühmliche Vorfall, der in Fort Robinson geschah. Nur ein Jahr nach der Ermordung des Oglala-Kriegers begann im Indianer-Territorium, dem späteren Oklahoma, eine tragische Odyssee, die sogar im fernen New York für Schlagzeilen sorgte und als eines der außergewöhnlichsten Unternehmen in die Geschichte der Indianerkriege einging.

Junge Krieger. Die jungen Lakota kennen das Leben ihrer Vorfahren nur aus Erzählungen.

Erinnerung. Ron Hawks blickt über das weite Land und erinnert sich an die große Zeit von Red Cloud und Crazy Horse.

Mahnung. Die Tipi-Kirche auf der Northern Cheyenne Reservation ermahnt die Indianer zum Christentum. Ron Hawks markiert die Stelle, an der Crazy Horse ermordet wurde.

Über 900 Northern Cheyenne, die sich in Fort Robinson ergeben hatten, wurden auf eine Reservation im Indianer-Territorium geschickt und bei Fort Reno fest gehalten, obwohl man ihnen freigestellt hatte, in die geliebten Black Hills zurückzukehren.

In der abgelegenen Wüstengegend erkrankten besonders Alte und Kinder an Malaria. Die versprochene Medizin traf nie in Fort Reno ein.

„Unsere Leute sterben, sterben, sterben", klagte Little Wolf, neben dem besonnenen Dull Knife der Anführer der Cheyenne. „Einer nach dem anderen geht aus dieser Welt!" Selbst ein Sprecher der Armee räumte ein: „Die Cheyenne bekommen nicht genug Lebensmittel, um sie vor dem Verhungern zu bewahren. Viele ihrer Frauen und Kinder sind durch den Hunger völlig geschwächt."

Im Sommer 1878 hatte sich die Lage so zugespitzt, dass Little Wolf und Dull Knife bei dem Indianeragenten John D. Miles vorstellig wurden und sich bitter beklagten. Little Wolf sagte: „Seit wir hier sind, sind viele unserer Leute gestorben. Dies ist kein gutes Land für uns! Es ist heiß, und es gibt nicht genug Nahrung. Wir möchten in unsere Heimat in den Bergen zurückkehren. Wenn ihr nicht die Macht habt, uns zu erlauben, dorthin zurückzugehen, dann lasst einige von uns nach Washington reisen und dort berichten, was sich hier zuträgt. Oder schreibt nach Washington und verlangt, dass man uns erlaubt, nach Norden zurückzugehen. Wir können kein Jahr mehr bleiben, wir wollen jetzt gehen!"

Am frühen Morgen des 9. September 1878 verließen Little Wolf, Dull Knife und 295 Cheyenne die Reservation. Über zwei Drittel waren Frauen und Kinder. Sie ließen alles zurück, was sie noch besessen hatten, und waren auch bereit zu sterben, falls General Nelson A. Miles ihnen Soldaten nachschickte. Vor ihnen lagen mehrere hundert Meilen und tausend Gefahren. Ein großer Teil des Landes war in Ranches und Farmen aufgeteilt, es gab die Eisenbahn und Telegraphenlinien, und sie selbst waren so krank und schwach, dass es nur eine Frage der Zeit schien, bis die Soldaten sie einholten und in die Reservation zurücktrieben.

Vier Tage später wurden sie von dem Captain Joseph Rendlebrock und einer Kavallerieeinheit gestellt. Dem Unterhändler, einem Arapaho-Scout, antwortete Little

Wolf: „Wir ziehen in den Norden! Man hat uns versprochen, dass wir das dürfen, als wir uns bereit erklärten, in die Reservation zu gehen. Wir wollen in Frieden gehen. Wir wollen keinen Besitz der Weißen zerstören und wir werden niemand angreifen, wenn man uns in Ruhe lasst. Wenn die Soldaten uns angreifen, werden wir gegen sie kämpfen, und wenn Weiße kämpfen, die nicht zu ihnen gehören, werden wir auch gegen diese Männer unsere Waffen erheben." Der Captain hatte seine Befehle und ließ angreifen, aber Little Wolf war ein gewiefter Taktiker. Es gelang ihm, die Cheyenne sicher aus der Gefahrenzone zu führen. Sie zogen nach Nebraska hinein.

Wie die Indianer es schafften, einer vielfachen Übermacht immer wieder zu entkommen und trotz mehrerer Gefechte zu überleben, grenzte fast an ein Wunder. Viermal wurden sie von den Soldaten gestellt, und viermal entwischten sie den Angreifern. Nur sechs Krieger wurden getötet.

General Philip Sheridan mobilisierte tausende von Soldaten seiner Division of the Missouri, ohne Little Wolf und seine Leute aufhalten zu können. Die Cheyenne hatten sich inzwischen geteilt. Sechs Wochen nach ihrem Aufbruch entschied sich Dull Knife, mit einem Teil der entkräfteten Indianer zur Red Cloud Agency zu ziehen und sich dort zu ergeben. 150 Cheyenne folgten ihm, ein paar Männer, die meisten Frauen und Kinder sowie Kranke und Schwache. 53 Männer, 43 Frauen und 38 Kinder blieben bei Little Wolf, der fest entschlossen war, die Heimat zu erreichen.

Am 23. Oktober 1878 gerieten Dull Knife und seine Leute in einen heftigen Schneesturm. Sie liefen einer Patrouille in die Arme und bekamen zu hören, dass es die Red Cloud Agency nicht mehr gab. Stattdessen wurden sie nach Fort Robinson gebracht und in eine Holzbaracke gesperrt. Ihnen wurde nicht erlaubt zur Pine Ridge Agency in South Dakota weiterzuziehen.

„Wir werden nicht nach Oklahoma zurückgehen", sagte Dull Knife entschieden. „Das Land ist schlecht, und wir würden dort alle sterben. Wir wollen nicht zurück, und wir werden nicht gehen. Du kannst mich töten! Aber du kannst mich nicht zwingen, zurückzugehen!"

Am 3. Januar 1879 erhielt Captain Henry W. Wessels, der Kommandant von Fort Robinson, eine Nachricht vom Kriegsministerium. Die Cheyenne sollten in ihre Heimat zurückgebracht werden. Dull Knife weigerte sich. Wessels gab den Indianern fünf Tage Zeit, ihre Entscheidung zu überdenken und weigerte sich, ihnen Nahrung und Brennholz in die Baracke zu schicken. Die Stimmung unter den Gefangenen wurde immer gereizter. Er bot Dull Knife an, sich um die Frauen und Kinder zu kümmern, aber der Häuptling antwortete, man wolle lieber gemeinsam sterben. Am Abend des 9. Januar entschlossen sich die verzweifelten Cheyenne zum Ausbruch. Sie holten die alten Gewehre, die sie unter dem Fußboden versteckt hatten, und griffen nach den Fleischmessern ihrer Frauen.

Um 21.45 Uhr zertrümmerten einige Krieger die Fensterscheiben. Die Indianer stiegen nach draußen und rannten auf die nahen Felsen zu. Die ersten Schüsse fielen. Soldaten stürzten aus ihren Quartieren und schossen auf die inzwischen entkräfteten Cheyenne, andere sprangen auf ihre Pferde und nahmen die Verfolgung auf. Über die Hälfte der Indianer starben im Schnee. Nur wenigen gelang die Flucht nach Pine Ridge, darunter Dull Knife und einem Teil seiner Familie.

Little Wolf und seine Krieger verbrachten den Winter in einem versteckten Tal des Lost Chokecherry Creek und zogen im Frühjahr zum Tongue River weiter. Sie verhandelten mit General Miles, und nachdem mehrere Krieger zugestimmt hatten, als Kundschafter für die Armee zu arbeiten, wurde ihnen gestattet, in ihrer ehemaligen Heimat zu bleiben.

Auch Dull Knife und seine Familie durften in die alten Jagdgründe zurückkehren. Doch für die meisten Leute seines Stammes war es zu spät. Viele Krieger flüchteten in den Alkohol und fanden ein unrühmliches Ende, auch Little Wolf, der im Rausch einen anderen Cheyenne erschoss und Selbstmord beging. Das unrühmliche Ende eines großen Kriegers, der noch heute von seinen Leuten verehrt wird.

Erfolg. Little Wolf und einigen Familien gelang es, nach Norden durchzubrechen.

Gefleckter Büffel. Ron Hawks lässt sich ein Steak vom „gefleckten Büffel" schmecken.

scottsbluff

„WESTWARD HO!“

Trail. Der Highway 92 folgt den Spuren des Oregon Trails.

Am Oregon Trail in Nebraska erinnert Ron Hawks sich an den endlosen Zug der rollenden Tipis, die immer mehr weiße Siedler nach Westen brachten und eine tiefe Spur durch die Heimat der Lakota gruben.

Der Chimney Rock ragt wie ein mahnender Finger aus dem flachen Land empor. Ein Felsen aus braunem Sandstein, über 150 Meter hoch und weithin sichtbar in dem flachen Land. Wir kommen von Süden, so wie die Siedler auf dem Oregon Trail im 19. Jahrhundert, und werden von der Felsnadel auf magische Weise angezogen. So ging es schon den Indianern, die im Schatten des Chimney Rock jagten und glaubten, an dieser Stelle vom Großen Geist besonders begünstigt zu sein. Die ersten Weißen, die diesen Felsen zu Gesicht bekamen, waren wahrscheinlich Robert Stuart und seine Händler, die im Jahr 1814 von einer Expedition aus dem Oregon Country zurückkehrten und den Chimney Rock in ihrem Bericht erwähnten. Der Name tauchte zum ersten Mal im Tagebuch eines Pelzjägers auf. Joshua Pilcher sah den Felsen im Sommer 1827, als er zu einem Rendezvous der Trapper in den Rocky Mountains unterwegs war. Zehn Jahre später verewigte der bekannte Maler Alfred J. Miller den Chimney Rock auf Leinwand. Sein Gemälde macht deutlich, wie stark Wind und Wetter in den vergangenen Jahrhunderten an dem Felsen genagt haben. Seit damals hat er ungefähr drei Meter eingebüßt.

Einen bleibenden Platz in den Annalen der amerikanischen Pioniergeschichte bekam der Chimney Rock in den Tagebüchern der vielen tausend Siedler, die über den Oregon Trail nach Westen zogen. Sie lagerten an der Quelle unterhalb des Felsens und ritzten ihren Namen in den Sandstein. Wer den Chimney Rock zu Gesicht bekam, konnte sich glücklich schätzen, ungefähr 586 Meilen und damit fast ein Drittel des langen Weges nach Oregon zurückgelegt zu haben.

„Das Land, durch das wir gerade fahren, unterscheidet sich grundlegend von Missouri", schrieb S. E. Hardy um das Jahr 1850 in sein Tagebuch. „Heute haben wir Chimney Rock erreicht. Er sieht sehr seltsam aus. Wie soll ich ihn beschreiben? Er sieht wie eine große süße Kartoffel aus, über die man Geröll geschüttet, und in die man einen Kamin gerammt hat."

Andere Siedler bezeichneten den Felsen als „riesigen Trichter" und als „steinernen Leuchtturm". Ein wagemutiger Siedler ging zu Fuß um den Chimney Rock herum und zählte 10 040 Schritte. Einen Tag lang sahen die „Overlanders" den Felsen am Horizont, bevor sie den Lagerplatz in seinem Schatten erreichten, und über einen Tag blieb er hinter ihnen sichtbar.

Für die vielen tausend Siedler, die vor der Zivilisation nach Westen flohen, um im fruchtbaren Oregon Country eine neue Existenz zu gründen, führte der Oregon Trail ins Gelobte Land. Die wirtschaftliche Flaute zwischen den Jahren 1837 und 1841 sowie der Niedergang des Pelzhandels trieben Geschäftsleute und Farmer zu neuen Ufern und ließ sie etwas wagen, das als „Westward Migration" in die Geschichtsbücher einging: eine abenteuerliche Wanderung, ohne Parallele in der modernen Geschichte. Über 400 000 Menschen zogen von 1841 an bis weit in die Sechzigerjahre hinein über den 2170 Meilen langen Trail. Die Spuren ihrer schweren Wagen sieht man heute noch. Sie haben sich tief in den Prärieboden gegraben und sind sogar auf dem felsigen Grund der Rocky Mountains noch zu erkennen.

Kevin Howard, dessen Urgroßvater zu den letzten Siedlern gehörte, die vor dem Bau der Eisenbahn nach Westen kamen, begleitet uns auf unserer Fahrt über den Highway 92, der parallel zum North Platte River und zum historischen Trail verläuft. Er zeigt uns die Wagenspuren im Prärieboden: „Am besten sieht man die Spuren aus der Luft", sagt er, „ich bin den Trail mal in einem Flieger abgeflogen und konnte die

Westward Ho!.
Über 400 000 Menschen zogen über den Oregon Trail.

Chimney Rock.
Der Felsen war
ein markanter Weg-
weiser am Trail.

Cowboys.
Junge Cowboys auf dem Oregon Trail bei Scottsbluff.

Ausblick.
Vom Scotts Bluff blickt man über das Land am Trail.

Shakehands.
Wie Winnetou und Old Shatterhand: Ron Hawks und Kevin Howard.

Spuren so deutlich erkennen, als wären die Planwagen erst gestern nach Westen gefahren."

Wir laufen ein paar Meter über den Trail und blicken zum Chimney Rock, der jenseits des Interstate in der Wintersonne leuchtet. Auch die schweren Trucks auf der Fernstraße vertreiben nicht das Bild, das vor unseren Augen aus dem Zwielicht taucht: Ein endloser Zug schwer beladener Wagen bewegt sich über die Prärie. Ihre weiße Planen leuchten wie die Segel eines großen Schiffes über dem weiten Ozean aus Gras. Wir hören das Mahlen der Räder, das Schnauben der Ochsen, die anfeuernden Rufe der Treiber. Einige Frauen laufen neben den Wagen und sammeln Büffelfladen für das abendliche Feuer. Aus einem der Wagen dringt das Weinen eines Kindes. Die Cholera war der größte Feind der Siedler auf dem langen Weg nach Westen. Ungefähr fünf Monate waren die Overlanders unterwegs.

Die Reise begann in Independence, Westport (dem heutigen Kansas City) oder in St. Joseph im Bundesstaat Missouri. Dort wurden die Trecks zusammengestellt, die zumeist im frühen Sommer nach Westen aufbrachen. Dann war das Präriegras hoch genug, um die Ochsen und Pferde zu ernähren, und es blieb noch genübend Zeit, das Ziel vor dem Winter zu erreichen.

Schon auf den ersten Meilen begannen die Schwierigkeiten. Es kam zu Streitigkeiten zwischen den einzelnen Parteien, die Männer schacherten um den Posten des Treckführers oder kamen mit dem Kundschafter nicht zurecht, und die Ochsen wehrten sich gegen ihr Geschirr und trotteten nach Osten zurück. In Kansas tobten Gewitter oder Tornados und hielten einige Wagenzüge schon nach wenigen Meilen auf. Banditen schlichen sich nachts in die Wagenburgen und ritten mit ihrer Beute davon. Es dauerte Tage, manchmal Wochen, bis die Männer, Frauen und Kinder an einem Strang zogen und nur noch das gemeinsame Ziel sahen, das scheinbar unerreichbar in der Ferne lag.

Die Arbeit war hart und anstrengend. Jeden Morgen mussten die Ochsen vor die Wagen getrieben werden. In einer riesigen Staubwolke ritten oder liefen die Männer an den Wagen entlang, um sie in eine Reihe zu bringen. Mit heiseren Schreien trieben sie die Zugtiere an. Zwanzig, an guten

Misstrauen.
Für die Indianer bedeutete der Oregon Trail den Anfang vom Ende.

Tagen sogar dreißig Kilometer wurden geschafft. Die Wagen zogen oft im Abstand von einem Kilometer, und der Treckführer war angehalten, sie im Augenblick einer Gefahr innerhalb weniger Minuten zu einer Wagenburg zusammenfahren zu lassen. In den Vierziger Jahren des 19. Jahrhunderts verhielten sich die meisten Indianer noch freundlich, aber mit der Zeit antworteten sie mit wütenden Angriffen auf das Eindringen der Siedler in ihr angestammtes Gebiet. Am Platte River entlang ging es durch die Prärie. Der Chimney Rock und andere markante Punkte leuchteten in der Ferne und trieben die Siedler an. Das Feuerholz war knapp, und der Staub setzte sich in den Augen von Menschen und Tieren fest.

Frauen starben, Kinder brachen tot zusammen, und Männer verzweifelten vor der schier unlösbaren Aufgabe. Nach Westen, immer weiter nach Westen, riefen die Stärksten unter ihnen und feuerten die anderen an. Es gab keinen Weg zurück, und wer den Schutz eines Wagenzugs verließ und allein durch die Fremde ritt, war so gut wie tot. Der Weg führte nach Westen, folgte den endlosen Spuren der Ochsengespanne, die in den Jahren zuvor nach Oregon und Kalifornien gefahren waren.

In Fort Laramie legten die Trecks eine kurze Pause ein. Neue Vorräte wurden auf die Wagen geladen, die Frauen wuschen die Kleider, und man feierte innerhalb der sicheren Mauern des Fort die überstandene Etappe.

Ein großer Teil des Wegs war geschafft, aber der schwierigste Abschnitt lag immer noch vor den Siedlern. Vorbei am Independence Rock, über schroffe, steinige Berge und durch tiefe Canyons ging es zum South Pass hinauf, einem natürlichen Einschnitt in den felsigen Rockies. Von dort aus, so glaubten die ahnungslosen Siedler, würden sie zum ersten Mal das Paradies sehen. Ihre Enttäuschung war groß, als das Land immer noch trostlos und schier unüberwindlich vor ihnen lag.

„Es hat keinen Zweck, weiterzufahren", bekamen die ersten Siedler in Fort Hall zu hören, aber sie schlugen alle Warnungen in den Wind und ebneten den Weg für die vielen tausend anderen Siedler, die in den folgenden Jahren nach Westen zogen. Durch die Fluten des Snake River und den Burnt Canyon, vorbei an den heimtückischen Sümpfen des Grande Ronde Valley, bis ins heutige Oregon, wo sie die grünen Täler ihrer Träume fanden und eine neue Zukunft begründeten.

Wir fahren durch Scottsbluff, eine verschlafene Kleinstadt am Interstate, und überqueren den historischen Oregon Trail im Südwesten. Einige Meilen vor der Stadt sehen wir uns einer gewaltigen Felsformation gegenüber, die wie eine monumentale Festung in den Himmel ragt: „Me-a-pate" nannten die Indianer einst diesen Felsen – „Berg-um-den-man-schwer-gehen-kann". „Scotts Bluff" hieß er bei den Weißen: Hiram Scott war ein Pelzjäger, der bei dem Felsen auf unglückliche Weise ums Leben kam. Er lag tagelang verletzt zwischen den Felsbrocken, ehe man ihn entdeckte. Auch Scotts Bluff war ein markanter Punkt für die Siedler auf dem Oregon Trail. Als „Nebraska Gibraltar" und „steinernes Mausoleum" taucht er in ihren Tagebüchern auf. Ein Siedler wähnte sich sogar dem Himmel nahe: „Hier könnte ich sterben."

Heute führt eine schmale Asphaltstraße auf den Scotts Bluff hinauf. Wir fahren im Jeep von Kevin Howard bis zum Gipfel und genießen die grandiose Aussicht.

Wo im 19. Jahrhundert die weißen Planen der Wagen zu sehen waren, zieht sich das graue Asphaltband des Interstate nach Westen. Die verchromten Aufbauten der Trucks glänzen in der Wintersonne. Hinter den fernen Bergen liegt Fort Laramie, weiter südlich Cheyenne. Bis Denver, dem Ausgangspunkt unserer Reise, sind es nur ein paar Stunden. Kaum zu glauben, wenn man bedenkt, wie viele Monate die Siedler auf dem Oregon Trail nach Westen unterwegs waren.

Ron Hawks ist schweigsam geworden, und uns wird bewusst, wie unser Ausflug über den Oregon Trail auf ihn gewirkt haben muss: „Für die Indianer der weiten Ebenen bedeutete der Oregon Trail den Anfang vom Ende", sagt er. „Den ersten Siedlern begegneten sie freundlich. Dann rollten immer mehr Wagen nach Westen, und den Indianern wurde allmählich bewusst, wie unendlich viele Weiße es gab. Der Zug der Wagen schien kein Ende zu nehmen. Die Indianer begannen sich zu wehren, aber es hatte keinen Zweck. Die Weißen waren so zahlreich wie das Laub an den Bäumen. Meinen Vorfahren blieb nichts anderes übrig, als sich todesmutig dem aussichtslosen Kampf zu stellen oder in die Reservation zu ziehen und den Weg des Weißen Mannes zu gehen."

Auf meine Frage, was er denn damals getan hätte, zeigt er sein hintergründiges Lächeln. „Beides", antwortet er.

Spuren.
Auch heute kann man den Spuren der Planwagen noch folgen.

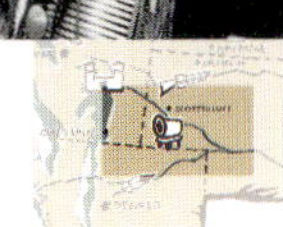

Auf den Spuren

VON RON HAWKS DURCH DAS INDIANERLAND

Informationen für Leser, die ins Indianerland reisen wollen: Hotels, Restaurants, Attraktionen und wichtige Adressen und Telefonnummern.

Zahlreiche Reiseveranstalter haben die Indianer entdeckt. Unter dem esoterischen Deckmantel oder dem Öko-Fähnchen werden Pauschalreisen ins Indianerland veranstaltet, die meist ein verzerrtes Bild der Indianerkultur und der politischen Situation der heutigen Indianer vermitteln. „Die Weißen haben uns das Land geraubt", sagte Ron Hawks während unserer Reise durch die Jagdgründe seiner Vorfahren, „jetzt rauben sie unsere Religion."

Kein Weißer wird zu einem Sonnentanz zugelassen, und wenn doch, handelt es sich nicht um eine religiöse Zeremonie. Ähnlich verhält es sich mit den seelischen Reinigungen in Schwitzhütten, die sogar von manchen Guest Ranches angeboten werden. Die Kultur der Indianer erfährt man wesentlich besser und wahrhaftiger in Gesprächen mit Indianern. Sie sind gern bereit, Ihre Fragen zu beantworten, wenn sie ihnen mit dem nötigen Respekt begegnen und ein Pow-wow oder eine Reservation nicht mit einem Menschenzoo verwechseln.

Eine der wenigen wirklich empfehlenswerten Pauschalreisen durch die Heimat der Lakota-Indianer veranstaltet der Schweizer Charly Juchler unter dem Namen „Chante wakan". Zwei- bis vierwöchige Studienreisen ermöglichen Ihnen Begegnungen mit indianischen Künstlern und machen Sie mit der Kultur und Religion der Lakota bekannt. Interessenten bekommen ausführliche Unterlagen und Material von **Charly Juchler** [218 Columbus Street, Rapid City, SD 57701, Tel/Fax: (605) 355-0359, E-Mail: chanteetan@hotmail.com].

Wer unseren Spuren durchs Indianerland folgen und dabei einen interessanten Urlaub erleben will, fliegt z. B. mit United Airlines von Frankfurt/Main über Chicago nach Denver. Zu den wirklich empfehlenswerten Hotels im Stadtzentrum gehört das **Hotel Teatro** [1100 Fourteenth Street, Denver, CO 80202, Tel. (303)-228-1100, Fax (303) 727-1200], ein Grand Hotel der alten Schule mit individuell eingerichteten Zimmern und einem erstklassigen Restaurant. Wie ein Trapper oder Indianer isst man in **The Fort** [19192 Highway 8, Morrison, CO 80465, Tel. (303) 697-4771], dem besten Büffel-Restaurant des amerikanischen Westens. Im originalgetreu nachgebauten Bent's Fort wird erstklassiges Büffelfleisch serviert, auch Büffelmarkknochen und Büffelzunge, die feinste Delikatesse bei den Indianern. Im **Museum of Western Art** [1727 Tremont Place, Denver, CO 80202, Tel. (303) 296-1880], das in einem ehemaligen Bordell untergebracht ist, sollte man sich die Bilder bekannter Western-Maler wie Frederic Remington, Charles M. Russell und Albert Bierstadt ansehen.

Von Denver geht es mit einem Mietwagen weiter nach Cheyenne, Wyoming. Die Hauptstadt von Wyoming hat knapp 60 000 Einwohner und ist eine typische Cowboystadt geblieben. Hektisch geht es

Alex Johnson Hotel. Grand-Hotel-Stimmung in der historischen Lobby des Alex Johnson Hotels in Rapid City. In der Prairie Edge Gallery begutachtet Ron Hawks einen verzierten Bisonschädel.

in der eher verschlafenen „Magic City of the Plains" nur während der letzten anderthalb Wochen im Juli zu, dann finden dort die „**Cheyenne Frontier Days**" [Karten: (307) 778-7222, Fax (307) 778-7229] statt, eines der größten und ältesten Rodeos der Welt mit Disziplinen wie Wildpferdreiten, Bullenreiten und Wagenrennen. Wer außerhalb der „tollen Tage" kommt, kann im **Cheyenne Frontier Days Old West Museum** [4501 North Carey Avenue, Cheyenne, WY 82001, Tel. (307) 778-7290] u. a. interessante Videos von vergangenen Cowboyfesten betrachten. Zentral gelegen, gemütlich und preiswert ist der **Best Western Hitching Post Inn** [1700 West Lincolnway, Cheyenne, WY 82001, Tel. (307) 638-3301]. Sehr gut gegessen (tolle Cowboy-Steaks!) haben wir bei **Cheyenne Cattle Company** [im Hotel: 1700 West Lincolnway, Cheyenne, WY 82001, Tel. (307) 638-3301].

Ungefähr zwei Stunden nordöstlich von Cheyenne liegt die **Fort Laramie National Historic Site** [Tel. (307) 837-2221] mit dem historischen Fort aus den Indianerkriegen. Old Bedlam, das Gebäude, das einst das Hauptquartier und später eine Unterkunft für unverheiratete Offiziere war, ist am besten erhalten. Die Ranger veranstalten interessante Führungen. Ganz in der Nähe liegen die Oregon Trail Ruts, dort haben sich die Räder der Planwagen, die über den Oregon Trail nach Westen rollten, tief in den Sandstein gegraben. Westlich vom Interstate 90, wenige Meilen vor Sheridan, Wyoming, stehen die Überreste von Fort

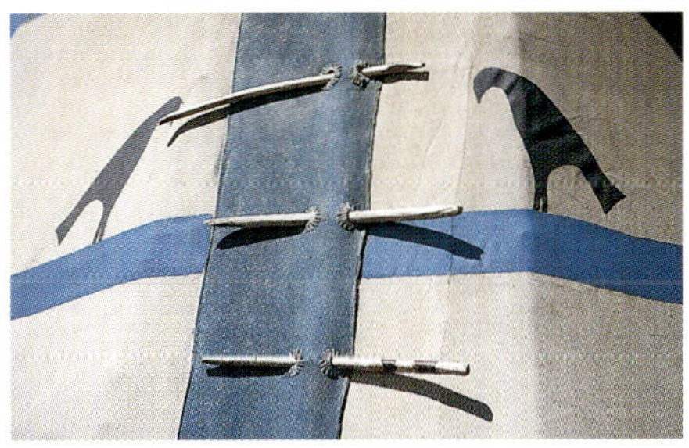

Pauschal. Empfehlenswert sind die Pauschaltouren mit Charly Juchler.

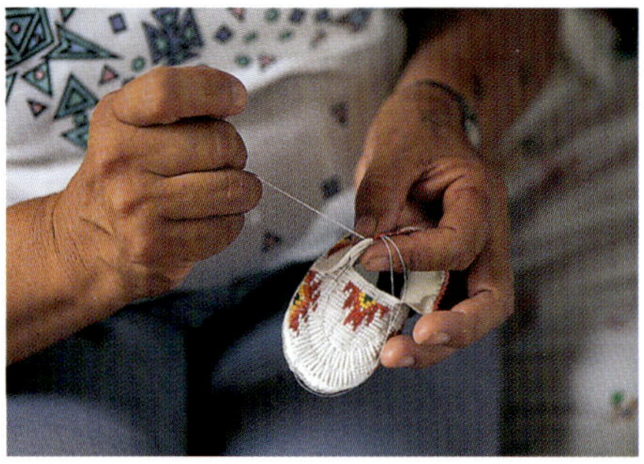

Reise.
Mit United Airlines nach Chicago und weiter nach Denver – der Beginn einer Reise durchs Indianerland.

Buffalo Bill
Im historischen Irma Hotel in Cody (rechts) kann man noch heute wie Buffalo Bill an der Bar stehen.

Phil Kearny. Die Blockhäuser und der Palisadenzaun wurden von den Indianern niedergebrannt. Außerhalb erinnert ein Gedenkstein an den Tod von über achtzig Soldaten, die von Crazy Horse und seinen Sioux in die Falle gelockt und getötet wurden. Die Weißen hatten den Vertrag vom Horse Creek gebrochen und waren widerrechtlich über den Bozeman Trail zu den Goldfeldern in Montana gezogen.

Casper ist eine gemütliche Kleinstadt inmitten einer malerischen Umgebung. Auf zahlreichen Trails kann man Antilopen und andere Wildtiere beobachten. Das historische **Fort Casper** [4001 Fort Casper Road, Casper, WY 82604, Tel. (307) 235-8462] liegt innerhalb der Stadtgrenze. Wir haben zufrieden im **Parkway Plaza** [123 West E Street, Casper, WY 82601, Tel. (307) 235-1777] in der Innenstadt geschlafen.

Cody liegt im landschaftlich überwältigenden Bighorn Basin, knappe 50 Meilen vom Yellowstone National Park entfernt. Das **Buffalo Bill Historical Center** [720 Sheridan Avenue, Cody, WY 82414, Tel. (307) 587-4771. Fax (307) 587-5714] besteht aus dem Plains Indian Museum, das über die Kultur der Prärie-Indianer, und dem Buffalo Bill Museum, das über den legendären Westmann berichtet. In der Whitney Gallery of Western Art hängen bekannte Western-Gemälde. Im **Holiday Inn** [1701 Sheridan Avenue, Cody, WY 82414, Tel. (307) 527-5544, Fax (307) 527-7757] schläft man am besten. Wer wie Buffalo Bill nächtigen will, bucht im **Irma Hotel** [1192 Sheridan Avenue, Cody, WY 82414, Tel. (307) 587-4221] des Westmanns mit der historischen Bar.

Der Schauplatz der legendären Schlacht am Little Bighorn liegt abseits des Interstate 90 im südlichen Montana, keine zwanzig Meilen östlich von Hardin. Am 25. Juni 1876 wurden Lieutenant Colonel George Armstrong Custer und über 270 Männer seines 7. Kavallerieregiments von den vereinigten Sioux, Cheyenne und Arapaho an diesem Ort getötet. Im Visitor Center des Little Bighorn National Monument findet man ein interessantes Museum und zahlreiche Bücher und Videos über Custer, Crazy Horse, Sitting Bull und die historische Schlacht.

Bear Butte [Tel. (605) 347-5240], der heilige Berg der Lakota und Cheyenne, liegt wenige Meilen außerhalb von Sturgis (bekannt für seine Harley-Davidson-Treffen). In dem kleinen Besucherzentrum erfährt man Wissenswertes über die Bedeutung von „Mato Paha". Die angrenzenden Black Hills sind eine waldreiche Oase inmitten der ehemaligen Jagdgründe der Lakota-Indianer und locken mit zahlreichen Seen und romantischen Wanderwegen. Hektisch geht es in Deadwood zu, der einstigen Goldgräberstadt und Heimat des Revolvermarshals Wild Bill Hickock. Im berühmten Saloon No. 10, den man heute noch besichtigen kann, wurde er erschossen. Zahlreiche Casinos, in denen um kleine Einsätze gespielt wird, und stimmungsvolle Restaurants mit Bedienungen in Westernkostümen erinnern an die Zeit des

Wilden Westens. Rapid City ist eine eher beschauliche Kleinstadt mit dem hervorragenden **Journey Museum** [222 New York Street, Rapid City, SD 57701, Tel. (605) 394-6923], in dem man auf fantasievolle Weise über die Geschichte des Westens und die Kultur der Indianer informiert wird. Gegenüber vom historischen **Alex Johnson Hotel** [523 Sixth Street, Rapid City, SD 57709, Tel. (605) 342-1210, Fax (605) 342-7436], dem besten Hotel in den Black Hills, liegt die **Prairie Edge Trading Company** [Sixth & Main Streets, Rapid City, SD 57709, Tel. (605) 342-3086]. Es gibt keinen besseren und größeren Laden für indianische Kunst, indianisches Kunsthandwerk, sowie Bücher, Videos und CDs über alle Aspekte des indianischen Lebens.

Südlich von Rapid City liegt das **Crazy Horse Memorial** [Avenue of the Chiefs, Crazy Horse, SD 57730, Tel. (605) 673-4681], die gigantische Statue des legendären Häuptlings, die aus einem Granitfelsen im Süden der Black Hills gesprengt und gemeißelt wird. Auf einer Fahrt über die Wildlife Loop Road im Custer State Park fühlt man sich in die Zeit der Indianer zurückversetzt. Die Pine Ridge Reservation erinnert in manchem an Länder der Dritten Welt in Afrika.

Besucher sollten sich auch hier immer daran erinnern, dass eine Reservation kein Menschenzoo ist. Das Fotografieren von Menschen bitte möglichst vermeiden!

Historischer Mittelpunkt ist Wounded Knee mit dem Massengrab der Indianer, die bei dem Massaker im Winter 1890 ums Leben kamen.

In Kyle wird an der Zukunft gearbeitet: „Edu(cational) Tourism" nennt Robert Cook, ein indianischer Geschichtslehrer, sein **„Living History Village & Museum"** [PO Box 500, Kyle, SD 57752, Tel. (605) 455-2461, Fax (605) 455-2478], ein Indianerdorf, in dem Besucher einige Zeit verbringen und von den jungen Oglala Lakota lernen können.

Fort Robinson [PO Box 392, Crawford, NE 69339, Tel. (308) 665-2900] liegt westlich von Chadron. Geschlafen haben wir im **Days Inn** [755 Microtel Drive/Highway 385, Chadron, NE 69337], eines der besseren und sehr sauberen Hotels in dieser Kleinstadt. Scottsbluff liegt am historischen Oregon Trail. Südwestlich der Stadt ragt das **Scotts Bluff National Monument** [Tel. (308) 436-4340] empor, ungefähr zehn Meilen weiter östlich der **Chimney Rock** [Tel. (308) 586-2581]. **The Oregon Trail Wagon Train** [Tel. (308) 586-1850] veranstaltet Planwagen-Touren über den historischen Trail. Zu den besten Hotels gehören der **Holiday Inn Express** [1821 Frontage Road, Scottsbluff, NE 69361, Tel. (308) 632-1000, Fax (308) 632-8777] und der **Best Western Scottsbluff Inn** [1901 21st Avenue, Scottsbluff, NE 69361, Tel. (308) 635-3111, Fax (308) 635-7646].

REISETIPP

Pow-wows sind farbenfrohe Tanzfeste, zu denen Indianer aus allen Teilen der Vereinigten Staaten anreisen. Zum rhythmischen Klang der Trommeln kündigt der „Master of Ceremonies" den „Grand Entry" an, den Einzug aller Tänzer und Tänzerinnen. Farbenprächtige Federn schmücken ihre Kostüme mit traditionellen und fantasievollen Mustern. Hohe Geldpreise warten auf die besten Tänzer in den verschiedenen Disziplinen. Wie Gras im Wind wogen die Wollfransen an den Kostümen der Grass Dancers; mit ihren Bewegungen drückten ihre Vorfahren im 19. Jahrhundert das wuchernde Präriegras für die anderen Tänzer platt. Die Fancy Dancers, meist junge Männer, tanzen „Freestyle", bestimmen ihre eigene Choreographie. Die Fancy Shawl Dancers, anmutige Frauen und Mädchen in schimmernden Kostümen, schwingen einen Tanzschal zu ihren fließenden Bewegungen. Kleine Glöckchen erklingen zum Tanz der Jingle Dancers, die ihre Kleider mit kleinen Metalltrichtern verziert haben. Die Traditional Dancers tanzen wie ihre Vorfahren im 19. Jahrhundert. Zu den berühmtesten Rodeos gehört die „Crow Nation Fair", die jedes Jahr am dritten August-Wochenende in der Nähe von Crow Agency, Montana, veranstaltet wird und als größtes Pow-wow des amerikanischen Westens gilt.

Danksagung:
Autor und Fotograf bedanken sich vor allem bei Ron Hawks, ihrem indianischen Reisebegleiter auf zahlreichen Touren durch die ehemaligen Jagdgründe der Lakota und Cheyenne. Außerdem bei folgenden Firmen und Personen: United Airlines, Hertz Rent-A-Car, den Fremdenverkehrsämtern von Colorado, Wyoming, Montana, South Dakota und Nebraska und (wo vorhanden) ihren deutschen Vertretungen, bei den örtlichen Büros in den Städten Denver, Cheyenne, Casper, Sheridan, Cody, Rapid City, Chadron und Scottsbluff, bei Coni Thornburg, Steve Kane, Olga Valanos, Rex Norman, Ken Cane, Marylin Black, Rick Young, Emma Hansen Pam Gosink, Albert Red Bear, Jenny Parker, Charly Juchler, Sonja Holy Eagle , Jim Yellowhawk, Kevin Howard und vielen anderen Freunden, Bekannten und Zufallsbekanntschaften unterwegs.

Unterwegs.
Von links: Fotograf Christian Heeb, Ron Hawks und Autor Thomas Jeier.

Inhaltliche Konzeption:
Thomas Jeier
Grafische Konzeption und Gestaltung:
PUBLIC IMAGE®, München
Lektorat:
Robert Fischer
Textredaktion:
Diana Thaler

Alle Abbildungen
von Christian Heeb,
mit Ausnahme der historischen Aufnahmen (Privatarchiv Thomas Jeier)

Stilisierte Kartografie und Piktogramme:
Frank Duffek, München
Übersichtskarte:
Elsner & Schichor, Karlsruhe

Alle Angaben dieses Werkes wurden von den Autoren sorgfältig recherchiert und auf den aktuellen Stand gebracht sowie vom Verlag auf Stimmigkeit geprüft. Für die Richtigkeit der Angaben kann jedoch keine Haftung übernommen werden. Über Hinweise und Anregungen sind wir jederzeit dankbar. Bitte richten Sie diese an den Bruckmann Verlag, Lektorat, Innsbrucker Ring 15, 81673 München.

Gedruckt auf chlorfrei gebleichtem Papier

Die Deutsche Bibliothek –
CIP Einheitsaufnahme
Ein Titelsatz für diese Publikation ist bei Der Deutschen Bibliothek erhältlich.

Gesamtverzeichnis gratis:
Bruckmann Verlag GmbH
Innsbrucker Ring 15
81673 München
Internet: www.bruckmann.de

Printed in Slovakia by Neografia
ISBN 3-7654-3672-0